Michael Groißmeier · Bruchstücke

Allitera Verlag

Michael Groißmeier, geboren 1935 in München, lebt in Dachau, ist Lyriker und Erzähler. Zahlreiche Buchpublikationen: Lyrik, deutsches Haiku, Kurzprosa, autobiographischer Roman »Der Zögling«. Bürgermedaille der Großen Kreisstadt Dachau, Ehrengabe zur Förderung des Schrifttums, Verdienstkreuz am Bande des Verdienstordens der Bundesrepublik Deutschland, Bayerischer Poetentaler, Ehrengast der Deutschen Akademie Villa Massimo in Rom. Der literarische Vorlass befindet sich beim Literaturarchiv Monacensia der Landeshauptstadt München und im Stadtarchiv der Großen Kreisstadt Dachau.

Michael Groißmeier

Bruchstücke

Gedichte

Allitera Verlag

März 2023
Allitera Verlag
Ein Verlag der Buch&media GmbH, München

Layout, Satz und Umschlaggestaltung: Mona Königbauer
Gesetzt aus der Sabon
Umschlagvorderseite unter Verwendung eines Bildes von Mysticsart-design/pixabay.de
Printed in Europe · ISBN 978-3-96233-370-6

Allitera Verlag
Merianstraße 24 · 80637 München
Fon 089 13929046 · Fax 089 13929065

Weitere Publikationen aus unserem Programm finden Sie auf
www.allitera.de
Kontakt und Bestellungen unter info@allitera.de

Bruchstücke fügen sich
zum Ganzen.

M. G.

Das Ganze ist mehr als die
Summe seiner Teile.

Aristoteles

Für Margit und Andrea

Mit Zehn

Dass ich ein Dichter werden sollte,
wurde mir nicht in der Wiege gesungen.
Ich war nicht wie die anderen Jungen,
lief dem Ball nicht nach, der in die Büsche rollte.

Ich machte keine Bauchaufschwünge
und lief nicht endlos in die Runde.
Aber ich lauschte des Laubes Kunde
und wartete gespannt, ob der Nachbarhund das
Gemüsebeet dünge.

Am liebsten spielte ich Geige
und versuchte mich an Johann Sebastians Sona-
ten.
Die Mutter bat zum Sonntagsbraten.
Der Vater trank sein Bier bis zur Neige.

Ich füllte meinen Kalender
mit diversen Mädchennamen.
Sehr liebsam war mir das Amen,
das nach der Messe sprach der Weihwasser-
spender.

14.8.2022, 10:08

Begradigter Lebenslauf

Die Mutter liebte Blumen,
taunass und frisch.
Aber die Krumen
wischte sie vom Tisch.

Die Ordnung liebte
die Mutter sehr,
wenn das Mehl sie siebte,
spielte ich mit dem Holzgewehr.

Der Vater mähte die Wiese
rund um das Haus.
Im Märchenbuch der Riese
war mir ein Graus.

Der Hexe, der krummen,
stach ich die Augen aus.
Nie ließ ich verstummen
die Geige – kein Ohrenschmaus!

Als die Befreier kamen,
fing an der Totentanz.
Die Mutter betete das Amen
zum Rosenkranz.

Als sie uns begnadigten,
atmeten wir auf.
Alsdann begann ich meinen begradigten
Lebenslauf.

29.07.2022, 14:50

Im Dachauer Moos

Der Vater stach den fetten Torf im schwarzen
Moos.
Ich sammelte die weißen Schneckenhäuser.
Ich horchte in die Windungen hinein, die seelenlos.
Eremitagen abgestorbener Kartäuser?

Die mönchisch fromme Natter hatt' ich gern.
Zu beiden Seiten trägt ihr schlankes Köpfchen
wohl einen nachts herabgetropften Stern,
von jener Straßenmilch ein winz'ges Tröpfchen.

Die Otter aber, diese tückisch falsche Büßerin,
wofür muss sie die vielen Kreuze tragen?
Unwillig züngelnd kriecht sie büßend hin –
für ihre Schuld aus Paradiesestagen?

24.08.2022, 20:10

Wir hatten Glück

Wir sogen Süße aus den Nesseln.
Zu Unrecht wohl nennt man sie taub.
Von Kletten ließen wir uns fesseln.
Wir bauten uns ein Nest aus Laub.

Wir lagen eingerollt wie Igel
und atmeten der Fäulnis Duft.
Wir wussten von des Schweigens Siegel
noch nichts, das einen Mund schließt in der
Gruft.

Das Laub wir aus den Haaren streiften.
Wie Nestlinge gar sah'n wir aus.
Wir stahlen Äpfel, die kaum reiften,
und Zecken brachten wir nach Haus.

Am Morgen war die Haut gerötet.
Die Zecken war'n nicht infiziert,
zu unserm Glück schnell abgetötet.
Von uns kein Name noch den Grabstein ziert.

31.7.2022, 18:00

Kinderspiele

Wir spielten auf den Bombentrümmern,
und manchmal fanden wir auch Geld.
Die Mütter konnten sich nicht kümmern.
Ein jeder war auf sich gestellt.

Die Toten waren ausgegraben,
doch manchmal fand sich noch ein Arm.
Doch keiner wollte diesen haben.
Der Anblick schlug sich auf den Darm.

Wir spielten weiter unbekümmert,
nur störte oftmals ein Alarm.
Bald war das Nachbarhaus zertrümmert.
Der Freund darunter war noch warm.

1.1.2022, 12:40

War kein Paganini

Unser Spielzeug war ein Holzgewehr,
unser Hut ein Helm aus Pappe.
Waren Kinder und doch keine mehr,
zählten wohl schon zur Etappe,
schon beim Schulsport hat man uns gezeigt,
wie man wirft die Handgranate.
Aber lieber hätte ich gegeigt.
Insgeheim war Bach mein Pate.
Ärgerlich, wenn eine Saite riss.
War kein Paganini, der mit einer
Saite auskam. Doch es war für mich gewiss:
Bombenwerfer würd' ich keiner.

13.8.2022, 18:20

Etzenhausen, 29. April 1945

Es waren ihrer sieben,
die auf der Strecke blieben.
Die auf dem Acker lagen,
warf man auf einen Wagen.

Sie wollten nicht mehr siegen.
Man weiß nicht, wo sie liegen.
Die Flucht wollte nicht glücken.
Die Schüsse in den Rücken.

Ich stand am Küchenfenster,
als sähe ich Gespenster.
Mir ist, als säh' ich's heute.
Die Stiefel waren Beute.

Am Bahndamm lag der eine.
Es zuckten noch die Beine.
Ein Kopfschuss ihn erlöste.
Der Schütze war der Größte.

Mit zehn war ich verwegen.
Ich sah, wo er gelegen,
im Wind die Brombeerranken
mit blutigen Beeren schwanken.

11.7.2022, 18:45

Die Befreiung, April 1945

Am Bahndamm lag er hingestreckt,
der auf der Flucht erschossene Soldat.
So ist er elendig verreckt.
Das war des Siegers Ruhmestat.

Ich hab's vom Fenster aus geseh'n.
Dann zog man ihm die Stiefel aus.
Ich war gerade Anfang zehn.
Wohl weniger als eine Laus

war ein Soldatenleben wert.
Ich lief hinab, er war schon tot.
Der Stahlhelm doch war unversehrt,
des Toten Rücken blutig rot.

24.4.2022, 19:00

Die Sieger

Wären wir erschossen worden
ohne Recht und Richter,
hätt' ich heute keinen Orden,
wäre ich kein Dichter.

Hab's den Siegern zu verdanken,
dass sie nicht geschossen.
Warum kamen sie ins Wanken?
War'n bloß Volksgenossen,

war'n bloß deutsche Schweine,
wie sie uns geheißen.
Eltern, Schwester, kleine
Kinder, die noch scheißen

in die Windeln, in die Hose.
Der vorm sichern Tod uns rettete,
war wohl ein Franzose,
wie der alte Vater wettete,

der als Erster-Weltkriegskrieger
die Franzosen-Mützen kannte.
Kleinlaut zogen ab die Sieger.
Gut, dass unser Haus nicht brannte.

27.11.2022, 17:40

Die Schatten

Der Vater blies Trompete.
Die Mutter hat gekocht.
Der Ton verwehte.
Verraucht der Docht
der abendlichen Kerze.
Denn Licht war rar.
Wie ich die Schatten herze!
Ob wirklich ist, was war?

14.8.2022, 13:50

Grossmutter

Eine vergilbte Photographie
mit der Großmutter und mir,
ich auf ihrem Schoß.
Wie gebannt blicke ich empor
zu ihrem Gesicht.
Was hat mich so sehr fasziniert,
ihr in mir
sich verlierenden Blick
oder ihr stroherner Hut?

24.5.2022, 14:45

Armierungssoldat, 1914

Gerne zeigen die Sieger
ihre glänzenden Wunden her.
Georg Britting

Mein Vater nicht,
er hat verhüllt seine Narben.
Zuviele starben.
Er war kein Sieger,
nur ein einfacher Krieger,
der tat seine Pflicht.

Er sprach auch nie
von Heldentaten.
Seine Waffe war der Spaten,
mit dem er Unterstände grub
und Gräber für den nächsten Schub,
wenn keiner mehr schrie.

5.8.2022, 13:10

Totenfuhren

Hast du schon einmal Totenfuhren geseh'n?
Als Kind ist es mir widerfahren.
Wie angewurzelt blieb ich steh'n –
mit zu Berge stehenden Haaren?

O nein, den Haaren machte es nichts aus!
Mein Kopf war ja glattrasiert –
wie es üblich war wegen der Laus!
Auch die Toten waren nicht frisiert!

Die Schädel wie der meine blank!
Aber die Augen! Die Augen wie Glas!
Und der Verwesungsgestank
der Körper, an denen die Made fraß!

27.3.2022, 10:40

Am Strassenrand, Mai 1945

Die Bauernwagen voller goldner Garben,
jetzt voller Menschen, die vor Hunger starben.
Die Menschen waren nur mehr Haut und Kno-
chen.
Ich stand am Rand, hab faules Fleisch gerochen.

Ich war erst zehn und hatte nie gesehen,
wie Körper in Verwesung übergehen.
Ich höre heute noch die Wagenräder rollen.
Ein Sakrileg ist mir der Weihnachtsstollen!

5.7.2022, 17:35

Am Strassenrand, Dachau, 1945

Die leeren Augenhöhlen,
ich kann sie nicht vergessen,
ich hör' die Henker grölen
beim Mahl und vollgefressen.

Die andern hungers starben
in fauligen Baracken.
Kein Wachhund musste darben,
auf Blut getrimmte Bracken.

Die Hungermünder offen,
als schnappten sie nach Brocken.
Verwesungssäfte troffen
beim Klang der Mittagsglocken.

Ich stand am Rand verdattert.
Ich hatte kein Erbarmen
und hielt, das ich ergattert,
das Brot in meinen Armen.

25.9.2022, 14:15

Im Werden

Der Vater mähte draußen Gras,
indessen ich Gedichte las.
Ich konnte keine Blumen köpfen,
auch noch nicht eigne Verse schöpfen.

Stets zog es mich zu jenen hin
von Gryphius und Hölderlin.
Ging meine Leselust zur Neige,
griff fröhlich ich zu meiner Geige.

Da aber wurd' ich überwach,
gelang mir die »Chaconne« von Bach.
Vor Überschwang hab' ich gesungen,
als mir der erste Vers gelungen!

16.6.2022, 18:15

Sphärenmusik

Die Sprache der Musik,
ich musste sie nicht lernen
wie Griechisch und Physik,
ich lausch' sie ab den Sternen.

Ich hör' des Weltalls Ton,
hör' die Gestirne summen.
Des Herzens Xylophon
vor ihnen muss verstummen.

30.10.2022, 18:40

Sehnen und Saiten

Ich entlock' der Geigensaite,
was in meinem Innern singt:
Jede meiner Sehnen schwingt,
gibt der Saite sanft Geleite.

8.11.2022, 17:00

Meine ersten Verse

Meine ersten Verse waren kindlich –
wie ein Kind halt denkt.
Heute ist's mir unerfindlich,
wer das Händchen mir gelenkt.

War es unbewusste Neigung?
Neugier aufs geschrieb'ne Wort?
Mühsam des Parnass' Besteigung,
die ich später setzte fort!

25.12.2022, 11:00

Im Seminar

Ich war zehn und sehr verständig,
wusch die Haare eigenhändig.
Brr, in meiner Zuchtanstalt
wusch man sich die Haare kalt!

Hatte ich den Leib gereinigt,
wurd' mit Griechisch ich gepeinigt;
denn auch eine Lehranstalt
übte Zucht aus und Gewalt.

Trösterin war mir die Geige,
da ich mehr der Kunst zuneige.
Differential und Integral
waren mir die höchste Qual.

Zu den ewigen Frömmigkeiten
konnte man mich kaum verleiten.
Rosenkranz und Maiandacht
haben mich stets müd gemacht.

Beteten die frommen Schäfchen,
hielt ich gern ein kurzes Schläfchen.
Erst beim Amen wacht' ich auf.
Dann begann des Tages Lauf.

Sollt' ich meine Sünden beichten
wie die andern Ungeweichten,
scheute ich des Beichtigers Arom
und verließ den Hohen Dom.

Durften wir spazierengehen,
dort nur, wo nichts war zu sehen.
Mädchen waren ja tabu,
rasch schlug ich die Augen zu.

Oh, der Teufel steckt im Weibe,
rückt's doch einem schnell zu Leibe.
Schlimm der Priesterkandidat,
wenn er übt am Ziel Verrat!

Ziel war, heil'ge Messen feiern,
dominus vobiscum leiern.
Doch da war es für mich klar:
Ich verließ das Seminar.

6./7.11.2022, 8:50

Weltkind

Ich spüre ihn, den Stachel,
der mir im Fleisch sitzt tief.
Ich glaub', es ist die Rache
des, der umsonst mich rief.

Ich wollte nicht sein Diener,
sein Stellvertreter sein,
nur weltlicher Schlawiner,
nicht Frömmelnder zum Schein,

der sich ergibt den Lüsten,
die ihm verboten sind.
Ich bin, ohn' mich zu brüsten,
der Welt normales Kind.

21.11.2022, 13:20

Lebensweg

Erinnert meiner sich der Dom,
in dem ich vielmals hab' gegeigt.
Ich atmete geweihten Rauchs Arom.
Zu Balken war das Kreuz verzweigt,

an dem der Welterlöser hing,
vielleicht auch hatte mich im Blick,
den Zögling und den Zögerling,
der ihm nicht weihen wollte sein Geschick.

Ich schmähte nicht das Priesterkleid,
jedoch ich habe es verschmäht.
Das ist ein Unterschied. Ich leid'
wie er, in meine Haut genäht.

Ich weiß es nicht, ob's ihm genügt,
und dass ich geige ihm zur Ehr'!
Hat er es selber so gefügt,
dass ich nicht fall' ihm zur Beschwer

als heuchlerischer Diener und
die heilige Handlung mach' zum Sakrileg,
die Hostie sündhaft führ' zum Mund?
Auch so gesegnet ist mein Lebensweg!

29.8.2022, 13:20

Blumen des Bösen

Fleurs du Mal
Charles Baudelaire

Die »Fleurs du Mal« dir künden:
Die schönsten Blumen sind die Sünden.
Unwiderstehlich ist ihr Duft
vom ersten Schrei bis hin zur Gruft.

Da hilft kein Beten, Sträuben.
Ihr böser Duft muss dich betäuben.
Du taumelst in der Sünden Pfuhl,
nicht hilft des Beicht'gers Stuhl.

Im Gegenteil: Du wirst ihn reizen,
mit eignen Sünden nicht zu geizen.
Du stachelst ihn zur Sünde an,
bis er den Lüsten untertan.

Es gibt so viele schöne Knaben,
an denen er sich könnte laben.
Fällt einer auf den Gweichten rein,
der beichtet's seinem Brüderlein,
schon stimmt das Soll und Haben!

26.6.2022, 19:19

Abitur 1954

Wir fürchteten die Lehrer
und fürchteten auch Gott,
belachten Straßenkehrer
und war'n im Tanzen flott.

Und mancher Jungfrau raubten
die Unschuld wir im Heu.
Die an den Storch noch glaubten,
verloren bald die Scheu.

Wir opferten dem Bacchus
und demonstrierten laut
am Isartor, am Stachus
für Blutwürst', Sauerkraut.

Wir wurden nicht empfangen
vom Papst für Schwänzerei.
Nicht Lobeslieder sangen
uns Staat und Klerisei.

Wir gingen brav zum Beichten
wie unsre Eltern auch.
Wenn wir auch nichts erreichten,
so war's doch damals Brauch.

Der Teufel ist gewichen
aufgrund des Priesters Wort.
Sein Schwefel war zu riechen
an diesem heil'gen Ort.

Wir liefen auseinander
schnell nach dem Abitur,
und in dem Durcheinander
verlor sich unsre Spur.

7./8.10.2021

Lebenslauf

Die Mutter wollte, dass ich Priester werde.
So kam ich in das Knabenseminar.
So wurd' ich Schaf in einer Herde
von Frommen, deren ich nicht einer war.

Die Knie wurden wund vom Scheuern
auf Schemeln, die aus Holz.
Ich betete, dass sie mich feuern.
Doch meine Hoffnung schmolz.

Bis mich der Zorn, der heilig sein soll, packte
und ich das Seminar verließ.
Da erst begann das Leben, das vertrackte,
das mich in neue Abenteuer stieß.

Ich mied zwar jegliches Gelichter,
die Damen mit dem Silberblick,
doch schrecklicher: Ich wurde Dichter.
Das, fürcht' ich, bricht mir das Genick!

11.12.2021 11:50

Wer bin ich denn?

Ich bin nicht Brecht, ich bin nicht Benn.
Ich weine nicht, ich flenn'.
Ich bin nicht ich, ich bin nicht du.
Ich pass' in keinen Schuh.

Mir ist die Haut zu dünn, zu eng,
ich fürcht', dass ich sie spreng'.
Und was entweicht dann durch den Riss,
das ist wohl ungewiss,

Du sagst, es könnt' die Seele sein.
Wo steckt sie? Im Gebein?
Im Blut, das durch die Adern fließt?
Den Geist versprüht die Nase, wenn sie niest!

26.7.2022, 18:30

Im Park der Villa Massimo

Ich war als Ehrengast geladen
und liebte es, im Park mich zu ergeh'n.
In Pinien lärmten die Zikaden.
Ich kann genug Latein, sie zu versteh'n,
denn ihre Sprache hat sich nicht gewandelt
seit Seneca, durch nichts verschandelt.

3.11.2022, 17:35

Hölderlin

Wer meint, ein Dichter sei vereinsamt,
der hat geirrt sich sehr.
Wer dichtet, der vereinnahmt
die Erde und das Meer.

Was blüht, fliegt, schwimmt – sein eigen.
Ja, alles lebt durch ihn.
Ihm wachsen Äpfel, Birnen, Feigen
in Verse. Hölderlin,

in seinem Turm, umschwirrt von Tauben,
war nimmermehr allein.
Er sah den Himmel sich entlauben
beim ersten Morgenschein.

Der Tagmond, edelster der Schwäne
im wassertiefen Blau,
war ihm wie Gottes Träne,
die linderte ihn wie Tau.

7.11.2022, 17:10

Hermann Hesse ins Stammbuch

... alles stirbt gern.
Hermann Hesse

Ob du dich da nicht irrst,
mein lieber Hermann Hesse!
Ich sterbe ungern, hör'
nicht gern die Totenmesse!

Wenn du mich auch verwirrst
mit deinen süßen Zeilen,
ich werd' durchs Nadelöhr
zu geh'n mich nicht beeilen!

24.10.2022, 13:19

Delikatesse

Heine und Hesse –
Delikatesse!
Wissen zu würzen,
Götter zu stürzen,
attisch zu salzen,
schmählich zu schmalzen.
Ihre Pamphlete
sind wie Gebete.
Ihre Sotisen
Spießbürger spießen.
Hessen und Heinen –
wüsste sonst keinen,
welcher die Wichte
machte zunichte
Pope und Itzig,
geistreich und witzig.

6.11.2022, 12:55

Modern

Wie soll es ausseh'n, das Gedicht,
das man modern nennt ohne Wenn und Aber?
Ein Sammelsurium von nicht
zusammenhängendem Gelaber,
das keiner zu verstehen braucht,
der halbwegs denkt und fühlt als ein Normaler?
Wenn nur die Feuerstelle raucht,
an der palavert der Neandertaler!

16.11.2022, 17:40

Der Russophile 1952

Die Eltern waren »arme Leute«.
Sie hatten einen »Volksempfänger«,
verachteten die braune Meute,
doch mochten sie des Volkes Sänger.

In Dostojewskij sich verbohrte
der Sohn mit seinen siebzehn Jahren.
»Fürst Myschkin«, der in ihm rumorte,
veränderte auch sein Gebaren.

Er fühlte sich als Russophile,
trug Backenbart und Zobelmütze,
statt Kaviar, sehr fern dem Ziele,
aß bei den Eltern er bloß Grütze.

22.10.2021 14:15

Untern[1]

Wir bedürfen keines Tisches,
uns genügt das grüne Gras.
Uns erfreut im Krug ein frisches
Bier, ein roter Wein im Glas.

’s Brot sei kernig und ein schwarzes,
das Geräucherte gewürzt
mit dem Duft des Kiefernharzes.
Die uns vorgibt, blaugeschürzt,

mit vor Hitze roten Backen,
eine kugelrunde Dirn!
Unseren gebräunten Nacken
beugen wir der Schatten Zwirn,

der uns anlegt zarte Fesseln,
Hände, Füße uns verwebt
mit den Gräsern, mit den Nesseln,
so dass eins im anderen lebt.

2.9.2022, 14:15

---

1 mittelhochdeutsch: Mahlzeit halten

Mein Wort

Der Ahorn steht in Brand.
Schon bin auch ich entflammt.
Das Feuer leckt die Hand,
das Herz. Ich bin verdammt,

zu Asche zu verglüh'n.
Du suchst in ihr mein Wort.
Vergeblich ist dein Müh'n.
Ein Windhauch weht es fort.

9.10.2022, 17:05

Das letzte Wort I

Ich schreibe bei der Kerze Licht
und höre ihrem Flackern zu.
Ihr Wachs tropft weiß auf mein Gedicht,
besiegelt es. Jetzt hab' ich Ruh'.
Jetzt ist das letzte Wort gesetzt.
O nein! Das letzte vielmehr spricht,
der schweigend mir die Hand geführt.
Er setzt den Schlusspunkt zum Gedicht.
Des Handschrift habe ich gespürt.

26.10.2022, 17:40

Das letzte Wort II

Ich hab' noch nicht genug gelebt,
auch nicht nach achtundachtzig Jahren.
Mein Sinn doch nach Vollendung strebt.
Es ist noch Zeit mich aufzubahren.

Ich hab' noch nicht das letzte Wort
zu meinem letzten Vers gefunden.
So leide ich denn weiter fort,
bis ich das Wort aus mir geschunden.

28.10.2022, 14:25

Schöner Schein

Hier ist mein Leben im Regal
in fünfzig Bänden komprimiert.
Greif ich ein Buch, ist es mir Qual.
Fang' ich zu lesen an, mich friert.

Das soll ein ganzes Leben sein
mit nichts als Wörtern, und gereimt?
Mir scheint, es war nur schöner Schein
und Selbstbetrug. Wie abgefeimt!

18.4.2022, 18:40

Das Ungeschrieb’ne

Was der Tausendfüßler schreibt,
wer wohl könnt’ es lesen!
Nur das Ungeschrieb’ne bleibt,
da es nie gewesen.

18.11.2022, 18:30

Des Dichters Frau

Der Dichter sinnt in seiner Kammer.
Weit draußen tobt der Welten Jammer.
Die Stimme läutet seiner Frau,
ein Glöcklein aus des Himmels Au.

Da wird es feierlich dem Dichter,
und seine Verse werden lichter.
Das macht der Stimme Melodei,
die ihm die eines Engels sei.

Ein Engel aber ist stets weiblich,
kein Geist, als seine Frau recht leiblich!
Dass sie des Dichters Frau beweist:
Die Frau ist eine Frau von Geist!

28.8.2022, 10:55

Des Dichters Töchterlein

Fünf Jahre alt das Töchterlein,
möcht' wie der Vater Dichter sein.
Sie liest und malt das Alphabet,
wie's einer Dichterin ansteht,

Ich sehe, wie ihr Wänglein glüht.
Sie schreibt: Ein Garten wohlgemüt.
Der Gärtner mit dem grünen Schurz,
der Papa ist's, ich kenn den Pfurz.

28.8.2022, 11:15

Katzen

Ich unterhalt' mich gern mit Katzen,
denn ihre Antwort ist nur ein Miau!
Und wenn sie mich auch manchmal tatzen,
dann ist es wie von meiner Frau.

Sie zeigen gerne ihre Krallen,
jedoch sie kratzen nicht, tun mir nicht weh,
wenn ich den Sanften zu Gefallen
und ihnen kraulend zur Verfügung steh'.

Ich weiß zu deuten ihre Mienen,
les' von den Augen ihre Wünsche ab.
Ich bin am Leben, um zu dienen.
Die Majestäten halten mich auf Trab.

5.11.2022, 13:45

Wie das Gedicht beginnen?

Wie das Gedicht beginnen?
Fänd' ich das Anfangswort,
ich könnt' es weiterspinnen
zum Vers von Wort zu Wort.

Viel Wörter allerorten,
wer sucht, der findet sie.
Doch mangelt es an Worten;
die findet das Genie.

21.11.2022, 12:20

Der Nachtfalter

Nachtfalter sucht mich heim.
Weiß er das Wort zum Reim,
das ich nicht finden kann?
Er, in der Flamme Bann,
verbrennt, mit ihm das Wort.
Ich sinn' in einem fort,
vor mir den Aschenrest,
des Falters Totenfest.

6.11.2022, 17:26

Mein Vers

Nicht gern lass' ich mich unterbrechen,
und sei's durch eines Gottes Wink.
Zwar will ich mich nicht gegen ihn erfrechen,
doch meinen Vers möcht' ich vollenden flink!
Der ist vor seinem Blick ein Nichts,
doch auch ein Abglanz seines Lichts!

15.8.2022, 14:36

Meine Verse

Ich streue Worte, Samen,
der aufgeht irgendwo vielleicht.
Kann sein, dass mir das Amen,
ein heilig' Wort, nach einem Vers entweicht.

Die Verse wie Gebete,
an welchen Gott, ich weiß es nicht.
Versinken sie in Lethe
mit meinem Mund, der sie erbricht?

19.11.2022, 15:50

Die Vögel

Ich ahnte schon als Kind,
dass Mohn und Raden
von Gottes Gnaden
uns treue Brüder sind.

Ich hab' den heil'gen Franz
früh liebgewonnen,
der sprach mit Sonnen,
mit Mond und Sternenglanz.

Er horchte und verstand
die Vögel reden,
nahm einen jeden
in seine heil'ge Hand.

Das aber ist mir nicht,
noch nie gelungen.
Doch später sungen,
sie vor mir manch Gedicht.

11.7.2022, 14:55

Der Brief

Ich habe manchen Brief geschrieben,
ihn doch nicht abgesandt.
Ich weiß nicht, wo die Adressaten blieben,
die meiner Seele artverwandt.

Ich habe manches Wort gestrichen.
Ich weiß nicht mehr, warum.
Jetzt, da der Druck von mir gewichen,
wend' ich die Seite um.

Jetzt, da ich werd' von nichts getrieben,
les' ich den Brief zuend'.
Ich habe an mich selbst geschrieben.
Den Brief ich nie versend'.

18.8.2022, 11:20

Mit gesträubter Feder

Mag sich die Feder sträuben,
ich schreib' manch Unsinn hin,
den Sinn mir zu betäuben,
weil ich oft schlaflos bin.

Ich bin kein Schelm von Bergen,
kein Eulenspiegel Till,
doch die ihr Hirn verzwergen,
verspott' ich, wie ich will.

Ich stech' mit spitzer Feder
die klügsten Köpfe an,
und Luft verliert ein jeder,
ist auch nur Scharlatan.

Ich liebe Sticheleien,
das ätzende Pasquille.
Man möge mir verzeihen,
ich bin halt etwas schrill!

Das Salz, mit dem ich würze,
soll möglichst attisch sein!
Ich trinke Tau in Kürze,
der Asphodelen Wein.

Mag sträuben sich die Feder,
ich stell' mein Sticheln ein.
Ich, unter einer Zeder,
werd' sanft, ein Engel sein!

27.8.2022, 19:00

Das Beste

Ich lernte Griechisch und Latein.
Des Knaben Seele war noch rein,
von Mathe nicht beleckt, befleckt!
Drum hab' ich leider angeeckt.

Wer Algebra, Geometrie
nicht kann, ist dümmer als ein Vieh.
Er ist ein schlechter Humanist.
Musik und Dichtkunst purer Mist!

Wer darin wühlt, der ist ein Schwein!
Mehr wollte ich auch niemals sein!
Es hat sich, Gott sei Dank! gefügt,
dass mir der Orgel-Bach genügt,

und auch der alte Seneca.
Was Besseres mir nie geschah!
Das Beste aber kommt zuletzt,
wenn er, der Tod, das Messer wetzt!

28.10.2022, 17:55

Geträumt

Der Sommer war sehr groß:
Nur eine Plattitüde!
Nichts fiel mir in den Schoß.
Jetzt bin ich nur mehr müde.

Ich hab' mich nicht vergnügt
in eines Flusses Fluten.
Wer dichtet, sich belügt.
Ich weiß, ich muss mich sputen.

Der mich im Auge hat,
er wird nicht lange weilen.
Zu füllen Blatt um Blatt,
muss ich mich wohl beeilen.

Wieviel hab' ich versäumt!
Der Sommer ist geschwunden.
Ich hab' mich wohl geträumt,
seit ich des Nichts entbunden!

3.10.2022, 18:05

In die Luft geschrieben

Sinnend schreib' ich in die Luft,
was ich keinem anvertrau'.
Meine Verse les' kein Schuft,
und nicht einmal meine Frau.

Ich vermache sie dem Wind
und des Mondes mildem Schein,
wo sie wohl willkommen sind,
ungelesen dürfen sein.

Läse sie ein jeder Wicht,
sie verlören ihren Duft!
Also duftet in der Luft
unverfänglich mein Gedicht!

30.10.2022, 17:40

Zweifel

Der eine ist dazu geboren,
die Dichtkunst zu vermehren.
Der andre gibt sich selbst verloren,
säuft sich zu Tod in allen Ehren.

Ich weiß es nicht, was ärger sei,
des Sterbens Unfug oder
des Erdenlebens Narretei,
das endet doch im Moder.

28.10.2022, 18:25

In meiner Dichterburg

Ich will den milden Herbsttag loben,
in dem die blaue Traube reift.
Mag irgendwo die Meute toben,
um mich die Mauer ist noch nicht geschleift.

Ich sitze wie ein edler Ritter
in meiner festen Dichterburg.
Mir wird die Abgeschiedenheit nicht bitter,
ich habe Freunde wohl, Demosthenes, Lykurg.

Ich selber will mit Versen fechten,
und trifft mich auch ein gift'ger Pfeil,
ich aber hör' nicht auf zu rechten,
denn Tinte, Feder bleiben heil.

31.10.2022, 18:30

Das Gute, Wahre, Schöne

Das Gute, Wahre, Schöne
erstirbt in dem Gestöhne
der heut'gen Jammerlappen,
die nur im Trüben tappen.

5.11.2022, 16:45

In einem alten Manuskript lesend

Ich les' in meinem Manuskript,
wie jung ich einmal war.
Jetzt steh' ich Jahr um Jahr
unter des Altwerdens Verdikt.

Was ich in meiner Jugend schrieb,
war ehrlich, unbesorgt.
Jetzt schreib' ich wie ein Dieb,
der stiehlt, was ihm geborgt.

17.11.2022, 18:30

Noch zu sagen

Nicht gesagt.
Marie Luise Kaschnitz

Was hab' ich alles nicht gesagt,
ein Liebeswort, Fluch, Bittgebet!
Ich hab' die Wahrheit nicht gewagt,
verschwiegen, was im Innern fehlt!

Wie hab' ich manches Wort verbrämt,
damit's nicht aneckt, nicht verstört!
Jedoch, ich hab' mich nicht geschämt,
das Licht zu nennen, das betört,

den Wind, den Regen und den Schnee,
die Wolke und des Himmels Blau.
Ich muss noch sagen, eh' ich geh',
in meinem Vers das Gras, den Tau.

16.11.2022, 18:35

Armer Verleger

Mein Verleger wird nicht fett.
Leute lesen lieber Krimi,
heißt es doch, es geht die Mimi
ohne Krimi nie ins Bett.

Wer schon labt sich am Gedicht,
wohl nur fade Stubenhocker!
Keineswegs die Boxer, Rocker
und die sonst'ge Oberschicht.

5.11.2022, 17:35

Wozu?

Wozu das alles?
Iwan Bunin

Wozu das Wachsen und Gedeihen,
wenn alles doch zu Staub zerfällt?
Wozu das Hassen und Verzeihen,
die Liebe, die das Sein vergällt?

Wozu das Weinen und das Lachen,
der Schmerz, den keiner mit uns teilt?
Wozu die Fahrt in Charons Nachen,
das ewige Leben, das uns heilt?

21.9.2022, 18:40

Meine Tiervergangenheit

Noch immer quält
mich meine Tiervergangenheit.
Die Haut, die sich zu Schuppen schält,
war einst mein Schlangenkleid.

Dasselbe immer noch
das Herz,
das kündet mit Gepoch
vom Schlangenschmerz.

Die Zunge zwar
ist nicht mehr zweigeteilt.
Doch was sie züngelt sonderbar,
das Wort, ist kein's, das heilt.

23.20.2022, 11:38

Schönheit heute

Schönheit heute
Peter Jokostra

Was ist Schönheit heute?
Schön war's, als ich Kind war,
alles noch verwindbar,
nicht der Zukunft Beute.

Schön war's, nicht zu ahnen,
Sterben, Auferstehen,
nur zu seh'n der Schlehen
weh'nde Blütenfahnen.

Aber Schönheit heute?
Die Natur verschandelt,
in Getier verwandelt,
blutiger Menschheit Meute.

17.11.2022, 11:30

Vergebliche Fragen

Was ist der Mensch? Banale Frage,
die man umsonst sich stellt.
Die Antwort bliebe immer vage,
bedeutungslos für diese Welt.

Wir sind, das weiß wohl jeder,
durchaus beseelter Staub.
Genügte nicht die Feder
des Vogels, Blume, Laub?

Wozu Verwesung, Auferstehung,
Geburt und Tod, wozu?
Genügte nicht die Erdumdrehung?
Wozu das Ich, wozu das Du?

21.10.2021 18:48

Scharlatan

Was Gott, der Schöpfer, nicht vollendet hat,
das meint der Mensch in seinem Wahn,
sich überschätzend, zu vollenden.
Er meint zu handeln an des Schöpfers statt,
und ist doch nur ein Scharlatan,
der wieder wird als Stäubchen enden.

7.11.2022, 18:35

Unruhige Nacht

Auf Kissen, satt von Tränen,
liegst du, vom Traum gepeinigt.
Die Sternschnuppen Fontänen,
mit denen Gott sich reinigt?

Muss er sich schuldig wähnen,
weil er mit Sternen steinigt?
Du siehst die Grube gähnen,
mit Erde dich vereinigt.

23.9.2022, 14:55

Wir Menschen

Wir sind schon traurige Gestalten,
wir Menschen, oftmals zwiegespalten.
Wie es beliebt, sentimental,
im nächsten Augenblick brutal.

Ein Hund kann uns zu Tränen rühren.
Ein Kind verhungert – ’s ist halt so.
Uns drücken Steuern und Gebühren,
und morden sie sich irgendwo,

kann uns das wirklich nicht berühren.
Uns geht es gut, und das genügt.
Dass andre ihre Kriege führen,
das hat das Schicksal so gefügt.

Wir selber leben brav in Frieden.
Was andre tun, ist uns egal.
Wir bau’n das Paradies hienieden,
den andern bleibt das Tränental.

5.11.2021 16:25

Ihr Menschen

Ihr seid des Gotts Verächter,
der euch gebot zu lieben.
Ihr seid des Nächsten Schlächter,
und ihr seid Tier geblieben.

Ihr stellt euch in die Reihe
der Wölfe und Schakale.
Ihr habt des Satans Weihe.
Des Brüdermörders Male

trägt ihr auf euren Stirnen.
Ihr zündet Scheiterhaufen.
Was fault in euren Hirnen?
Ihr feiert Teufelstaufen.

Ihr schürt die Feueröfen
mit Augen, Brüsten, Hoden,
bannt Gott von euren Höfen
und düngt mit Blut den Boden.

23.10.2021 15:50

Verdorben

Für unsern Wohlstand leidet die Natur,
geduldig, ohne Murren.
Wir höhnen und wir lästern nur,
wenn uns die Tauben Frieden gurren.

Wir streiten und wir führen Krieg,
uns fehlt der Jubelmut der Lerchen.
Ein jeder schaut, wie er den andern unterkrieg',
ihn könnte fangen, pferchen.

Wir halten uns für göttergleich.
Gott ist für uns gestorben.
Wir sind an Geld und Gütern reich,
an Seele, Geist verdorben.

13.11.2022, 13:25

Gottes Ebenbild

In der Manier Sergej Jessenins

Der grüne Abend naht,
durchglüht vom Abendrot.
Aufwächst der Sterne Saat,
im Keim schon Korn und Brot.

Die Eberesche tropft
von Christi Schweiß und Blut.
Der Schmerz, uns aufgepfropft,
wer weiß, wofür er gut.

Ob er uns reinigt von
der Sünden sonder Zahl?
Ist er des Gottes Lohn,
dem wir bereiten Qual?

Wir kreuzigen mit Lust,
wir sengen, brennen wild,
den Gott in unsrer Brust,
wir, Gottes Ebenbild.

9.10.2022, 13:10

Nicht Gottes Ebenbild

Das menschliche Gesicht,
verzerrt von Hass und Neid,
es ist des Gottes nicht,
verklärt von Schmerz und Leid!

Der Mensch in seinem Wahn
meint Gottes Bild zu sein.
Was maßt der Mensch sich an,
der west an Fleisch und Bein.

Ein Häuflein Staub, das bleibt,
das ohne Odemhauch
ziellos im Weltall treibt,
wenn's hochkommt, Asche, Rauch.

3.11.2022, 15:45

Gottes Horden

Die einen Leben schenken,
die andern hängen, henken.
Das ist seit je der Welten Gang.
Es lebe hoch der Strick, der Strang!

Der Mensch, das Ungeheuer,
erfand vor Zeit das Feuer,
den Scheiterhaufen, das Schafott
und betete noch heuchlerisch zu Gott.

Sind es nicht seine Horden,
die sengen, brennen, morden!
Gott bietet ihnen Einhalt nicht,
spricht sie wohl frei vorm Weltgericht!

3.11.2022, 11:40

Sind wir wirklich frei?

Sind wir denn wirklich frei
und haben wir, der Menschheit Zier,
was man so freien Willen nennt?
Ist uns nicht immanent
nach Blut und Geld die Gier,
und Menschenhass und Barbarei?
Wir unterliegen doch dem Zwang,
den Gott uns eingepflanzt,
und haben stets im Überschwang
das Goldne Kalb umtanzt,
und taten nur im Wahn,
was Gott uns aufgetan.

1.11.2022, 17:30

Eidechse

Eidechse sonnt sich an der Mauer,
O weh, wie ist der Tod so nah!
Die Katze liegt schon auf der Lauer.
Wie oft mir schon der Tod geschah!

Nicht wirklich, aber in Gedanken!
Er ist mir deshalb sehr vertraut.
Ich sinne unter Rosenranken,
in denen sich die Sonne staut.

Schon welken Blätter, dorren, fallen.
In allem schon des Herbstes Hauch.
In meinem Innern wachsen Gallen.
Eidechse, spürt den Tod sie auch?

3.11.2022, 13:15

Seltsame Tiere

Unter alten Bäumen sitzen,
vom Geflirr des Laubs gefleckt.
Oben Früchte sich erhitzen,
die schon jetzt der Gaumen schmeckt.

Ach, wir sind seltsame Tiere,
wie vom Leopardenfell bedeckt,
wohlig streckend alle Viere,
wenn die Haut die Sonne leckt.

Wie sich blähen unsre Nüstern,
witternd der Gewitter Glut.
Geil am Gaumen kleben lüstern
uns die Zungen, lechzend nach fremd Blut.

1.9.2022, 19:05

Der Kuss

Des Wanderns müd, des Lebens satt,
sink' ich ins Gras, das tröstet mich.
An eines Wegerichs Blatt
leg' meine Lippe ich.

Mir ist es wie ein Kuss,
der mich belebt,
der Charons Kahn und Fluss
mich wunderbar enthebt.

9.10.2022, 11:50

Menschenherz und Apfelkern

Im Apfelkern ist vorgedacht
sehr weis' der ganze Apfelbaum
mit Wurzel, Stamm und Ast und Zweig,
mit Knospen und der Blüten Schaum,

mit Laub und Frucht und Blätterfall.
Das Menschenherz dem Apfelkern
wie ähnlich doch, ein Hauch im All,
noch nicht geballt sein Staub zum Stern!

Im Herzen, klug vorausgedacht,
die Freude, Leid und Angst und Schmerz,
die Liebe, leuchtend in der Nacht,
und stets die Sehnsucht himmelwärts.

Bedächtig trägt der Früchte Fracht,
Geburt und Tod, der Lebensbaum,
mit Liebesnacht und Sterbeschlacht
und künftiger Auferstehung Traum.

27.8.2022, 12:45

Flötenspiel

Eines Atems harrt die Flöte,
dass er sie zum Spiel erwecke.
Aber wenn kein Mund sich böte,
fänd' kein Atem seine Zwecke.

Erst wenn Mund und Atem, Flöte
gegenseitig sich ergänzen,
lieblich lockt wie Morgenröte
Lippenspiel zu heitren Tänzen.

3.11.2022, 12:50

Stachelbeeren

Erdball eine jede Beere, eingeschnürt
von Meridianen, Routen und Bahnen.
Welche Last der Mann Atlas auf seinen Schultern
spürt,
lässt sich erahnen.

Mir wird sie nicht zu schwer,
wenn ich die Beere verzehr.
Ihr Saft wird mir zum Meer.
Ich trinke es leer.

3.8.2022, 19:05

Nachts im Garten

Zu wandeln nachts im Garten,
ist Labsal für den Greis.
Nicht schwer fällt ihm das Warten.
Die Blumen atmen leis.

Sein Atem gleicht dem ihren.
Er ist nur mehr ein Hauch
und wird sich bald verlieren
in Windes Atem auch.

Das wird ein sanftes Wehen
weit in die Nacht hinaus,
wenn sie, die Uhr, bleibt stehen
nicht nur im dunklen Haus.

12.8.2022, 19:00

Nachtviolen

Überirdisch scheint der Duft
mir der Nachtviolen[2].
Atmend Paradiesesluft
wandle ich verstohlen.

Himmel, Erde – welche Kluft,
kaum zu überbrücken!
Mög ein Hauch Violenduft
mich im Grab beglücken!

8.11.2022, 12:30

2 Nachtviolen = Blumen

Nächtliche Stille

Ich liebe diese nächt'ge Stille,
wenn Laub auf einen Windhauch harrt.
Als ob ein unsichtbarer Wille
in seinem Wollen sei erstarrt.

Wann löst er sich aus seiner Starre,
bewegt das Laub mit seines Atems Hauch.
Ich ahne es, worauf ich harre:
Ich bin das Blatt am Zweig, der Zweig am Strauch.

15.8.2022, 12:00

Erwachen in der Nacht

Hat geweckt mich Harfenklang?
War's des Traumes Nachtgesang?
Hat im Laub der Wind gerauscht?
Meine Seele wie vertauscht!

Die am Tag gewesen bang,
die gestanden unter Zwang,
ist von Klängen wie berauscht.
Hat dem Himmel sie gelauscht?

7.11.2022, 12:50

Die Dinge

Sind sie nicht zum Entzücken,
die prallroten Kirschen an den Zweigen!
Ich getrau' mich keine einzige zu pflücken;
denn sie sind nicht mein Eigen.

Was ist uns schon eigen
auf dieser Welt!
Es ist ein stetiges Fallen und Steigen
uns zugesellt.

Wir meinen zu greifen die reifen,
die köstlichsten Dinge mit sicherer Hand,
aber wir streifen
nur ihren äußeren Rand.

18.8.2022, 14:00

Reineclauden

Wie mundeten die Reineclauden
aus unserm Garten, als ich Kind war!
Ach, die Menschen müssen alles roden,
den Baum auch, der dem Kinde lieb war!

Ich spür' die Süße noch am Gaumen,
das Bittre konnt' es nicht verdrängen.
Der Unsichtbare senkt den Daumen.
Er unterliegt des Gottes Zwängen.

8.11.2022, 13:45

Heckenschnitt

So wie ein Kiefer schnappt
die Schere auf und zu.
Ich hör' sie, wie sie klappt
in meiner Mittagsruh'.

Der Nachbar meint's wohl gut
mit seinem Heckenschnitt.
Mir aber sinkt der Mut.
Der Tod schnappt beinern mit.

17.11.2022, 18:15

Im Gras I

Ich lieg' im Gras und fühl'
die innige Bruderschaft
von Blut und Saft.
Sind beide kühl
und ohne Leidenschaft.

Die Adern, Stängel sind
sich gleich. Mein rotes Blut
wird grüner Saft,
durchströmt mich lind,
so jeder Schmerz wird gut.

7.11.2022, 11:55

Im Gras II

Im Gras ist gut zu liegen.
Es ist so weich und wohlig warm
wie einstmals in der Mutter Arm,
in Särgen und in Wiegen.

Die Halme, Rispen biegen
sich über mich so fürsorglich,
dass alle Angst bald von mir wich,
mich könnt' der Tod besiegen.

Ich seh' die Lerchen fliegen
am hohen Himmel ohne Angst.
O Mensch, warum allein du bangst?
Der Tod ist doch gediegen!

6.11.2022, 19:45

Vor dem Wetter

Ich bin dem Raben nachgeartet,
der auf der dürren Fichte sitzt,
anscheinend auf nichts andres wartet,
als dass es wettert, donnert, blitzt.

Ich warte auf das arge Wetter,
das ihm den Ast bricht, mir den Arm.
Ich sehe nirgends einen Retter,
der gnädig unser sich erbarm'!

Der Rabe mit versengten Flügeln,
er zupft die Asche sich vom Flaum.
Erblüht mir hinter Wolkenhügeln
des Paradieses Lebensbaum?

27.10.2022, 17:15

Von Äpfeln und Menschen

Wie oft schon hab' ich sie gerühmt,
der Äpfel Herbheit im Gedicht!
Die süßen falschen mag ich nicht;
auch den nicht, der sich selber rühmt!

Oft außen prächtig, innen faul,
wie doch der Mensch dem Apfel gleicht!
Ein schöner Mund gefällt vielleicht,
doch oft ist er ein Lästermaul.

4.8.2022, 19:00

September

September – wie Musik im Ohr,
die summt mir vor der Wespen Chor,
als säng' der süße Mund der Rachel,
an den der meine sich verlor.
September – ach, ich blinder Tor,
mir steckt im Herzen schon der Stachel!

31.10.2022, 18:50

Bei den Gladiolen

Alle Gladiolenschwerter
sind gen mich gerichtet.
Dahlien sind mir liebenswerter,
hab' sie gern bedichtet.

Alt bin ich und ohne Rüstung,
seh' dem letzten Hieb entgegen.
Und ich schaue meines Leibs Verwüstung,
bin ich lang genug im Grab gelegen.

Dass ich wiederauferstehe,
dazu braucht es einen festen Glauben.
Täusch' ich mich, wenn ich den Himmel offen sehe,
höre des Elias Pferde schnauben?

22.11.2022, 18:28

Melancholie

Die Störche haben uns verlassen,
der Süden lockte sie.
Vorbei ist's mit dem Spaßen,
's ist Zeit für Melancholie.

Die Gondeln Trauer tragen.
Venedig, ach, ist weit!
Auch unsre Nachen wagen
jetzt stille Traurigkeit.

Ob sie auf Charon warten?
Ist er schon matt und müd'
von ungezählten Fahrten?
Ist tätig er im Süd?

Was weiß vielleicht der Häher,
der auf der Pappel sitzt,
der weise alte Späher,
ist mir ins Fleisch geritzt.

20.11.2022, 14:10

Föhn

Wie falsch ist heut' der Himmel,
wie trügerisch sein Blau!
Ganz ferne, fast wie Schimmel,
die Zirren werden grau.

Mich dünkt, es gibt bald Regen.
Dann ist der Föhn vorbei.
Der Regen ist ein Segen,
er macht den Kopf mir frei.

Ich mag die Regentraufe,
ihr liebliches Getön,
ich wünschte, er ersaufe,
der liederliche Föhn.

14.11.2022, 5:30

Der Regenbogen

Die Schwalben sind längst fortgeflogen.
Die Nester bleiben leer zurück.
Ein kunterbunter Regenbogen
verspricht den Menschen falsches Glück,

gibt sich den Anschein der Versöhnung.
Die gibt es zwischen Himmel, Erde nicht.
Er ist ein Zeichen der Verhöhnung
des, der die Sternendornenkrone flicht.

12.11.2022, 15:40

Lacrimae

Alle Tränen dieser Welt,
alle Tränen, je geweint,
hat die Sonne aufgesogen.

Mit dem Regen,
der in Tropfen fällt,
kehren sie zurück zur Erde.

Nach der Tränenflut erscheint
bunt ein Regenbogen,
dass, wer weint, getröstet werde.

23.11.2022, 12:49

Beim Wein

Die Eberesche blutet.
Das Abendrot verhaucht.
Noch bin ich warm durchflutet,
jedoch mein Atem faucht.

Der Tod kommt unvermutet,
Anmeldung er nicht braucht.
Das Glas vom Wein durchglutet.
Der Weinkrug schön gebaucht.

Ich habe mich gesputet,
den Mund in Wein getaucht.
Mein Wort ist still verblutet,
weil es kein weit'res braucht.

22.11.2022, 15:45

Die Sprache der Bäume

Zu Unrecht sich bedient
der Unmensch sich der Sprache.
Sein Wort vermint,
sein Sprechen Brache.

Allein die Bäume reden wahr
und niemals hinterhältig.
Die Blätterzungen sprechen klar
und tausendfältig.

Wer ihnen lauscht,
dem mag sich offenbaren,
wie uns das Laub der Bäume rauscht,
dass wir einst Brüder waren.

25.11.2022, 13:45

Der Walnussbaum

Der Walnussbaum in unserm Garten
war Freund mir seit der Kinderzeit.
Er lehrte mich das Warten,
Geduld, Standhaftigkeit,

und all die guten Eigenschaften,
die innewohnen einem Baum,
das an der Erde Haften,
das Widersteh'n dem ungeheuren Raum.

Ich spüre Kraft in meinem Rücken,
wenn ich an seinen Stamm mich lehn'.
Ich bin gewiss, es wird mir glücken
das irdische Sein, das Geh'n, das Ewige Besteh'n.

28.7.2022, 3:45

Unser Wahlnussbaum

Mein morgendlicher Gang und Gruß
gilt unserm alten Walnussbaum.
Ich steh' mit ihm auf gutem Fuß,
ihm Bruder sein – mein Kindheitstraum!

Ich glaub' an unsre Bruderschaft,
dass sie Bestand auf immer hat!
Ich hol' von ihm mir meine Kraft,
darin bestärkt mich Blatt um Blatt.

Laubsprache mein' ich zu versteh'n,
ich übe sie von Kindheit an.
Und muss ich einst von hinnen geh'n,
weht mir ein Blatt in Charons Kahn.

1.11.2022, 8:50

Als wir noch Brüder waren

Vor ungezählten Jahren,
wohl ein Äon verstrich,
als wir noch Brüder waren,
der Walnussbaum und ich:

Aus Zweigen wurden Finger,
die Wurzel ward zur Zeh.
Aus einem Walnussblatt, geringer,
wuchs mir der Zunge Weh.

Ein seliges Erinnern
an unsere Gemeinsamkeit
schwelt noch in meinem Innern,
weht Wind her aus vergangner Zeit.

Es ist mir oft, es denke
wohl hinter meiner Stirn,
und die Gedanken lenke
das brüderliche Walnusshirn.

23.10.2022, 7:35

Die Walnuss

Der Walnuss hob ich ab die Schädeldecke.
Vor mir liegt offen ihr Gehirn,
das ich erkenne als das meine,
und ich erschrecke.
Ich greif mir an die Stirn,
ob uns das Denken eine?

4.8.2022, 18:10

Der Sieger

Ich weiß, mein Walnussbaum
wird Sieger bleiben,
wetteifernd kaum
mit mir und meinem Treiben.

Ich weiß, ich bin nicht mehr,
wenn seine Nüsse reifen.
Vielleicht wird mir im Ungefähr
ein Blatt die Stirne streifen.

18.11.2022, 17:50

Nicht würdig

Der Bäume Zungen, Laub,
zertreten jetzt zu Staub,
wie gern hab' ich gelauscht,
wenn Worte sie gerauscht,

die ich noch nicht verstand.
Da ich ein Greis bin, mein'
ich, schon im andern Land,
mich ihrem Staub gemein.

Und Staub versteht mit Staub
sich gut wie Laub mit Laub.
Ich hätte gern getauscht
mit Laub, vom Wind gebauscht.

Wer mir die Zunge band
an Fleisch und an Gebein,
der mich nicht würdig fand,
ein Baum mit Laub zu sein.

31.7.2022, 14:20

Die Ahornhand

Des Ahorn Blätterfinger zeigen all zur Erde,
die allen Erdenlebens Endstation.
Ein jedes Blatt weiß, dass es fallen werde,
auch jede Knospe weiß davon.
Und dennoch wird sie zuversichtlich sich entfalten.
Aus jeder Knospe wächst fünffingrig eine Hand.
Sie winkt mir zu, mir überzählig Alten,
und weist den Weg mir in ein bess'res Land.

13.11.2022, 10:00

Beim Laubfall I

Ich hätte noch gerne Blumen gepflanzt,
aber ihr Blühen würde ich nicht mehr erleben.
Also habe ich mit den fallenden Blättern getanzt,
die mir beibrachten das Schweben.

Denn einer, der das Schweben nicht lernt,
kommt nicht hinauf in den Himmel,
wenn sein Leib des Herzens entkernt,
es sei denn, er hätte des Elias Schimmel!

1.10.2022, 18:50

Beim Laubfall II

Der Unhold liegt mir lang
schon auf der Lauer.
Jedoch, mir ist nicht bang,
ich weiß, die Dauer
des Seins ist vorbestimmt.
Was soll die Trauer,
solange das Blut noch glimmt
im Blätterschauer!
Ich lausch dem Vogelsang
im Zeisigbauer,
des Lebens Überschwang.
Kein Tod von Dauer.

25.10.2022, 11:50

Im Park

Des Gärners Laubgehark
beruhigend tönt ans Ohr.
O fühlte ich mich stark
wie noch ein Jahr zuvor!

Doch hab' ich Lebensmut,
wenn auch das Bein mir lahmt.
Ich seh' das Laub in Glut,
des Herbstes hohe Amt.

Ich Alter fei're mit
und labe mich am Duft
der Rose Sulamith
und denk' nicht an die Gruft.

Doch hemm' ich meinen Schritt
und tret' nicht auf das Blatt,
das seinen Fall schon litt,
von Sommersonne satt.

Ich denk' nicht an den Fall,
den ich noch hab' vor mir.
Mich trifft ein Blätterschwall,
dass ich die Sicht verlier.

25.11.2022, 18:35

Im Laubengang

Ich wandle gern im Laubengang
und hänge den Gedanken nach.
Dahin der Jugend Überschwang,
vergessen allen Daseins Schmach.

Ich tret' nicht gern ein Lindenblatt,
das vor der Zeit gefallen ist,
und das die Form des Herzens hat,
in dem noch Blut des Baumes fließt.

Ich nähere dem Ausgang mich,
vom lichten Himmelblau verlockt,
und doch, es ist verwunderlich,
dass plötzlich mir der Herzschlag stockt.

Ich scheu' der falschen Bläue Sog,
das Blau, das gaukelt vor der Föhn.
Ich fürcht' den Himmel, der stets trog,
den Flug in ungewisse Höh'n.

Ich kehr' zum Eingang schnell zurück,
der mir ein sich'rer Ausgang ist,
hinein in mein bescheid'ner Glück,
das du, geliebte Erde, bist.

26.11.2022, 11:50

Vor dem Schneefall

Die Luft riecht schon nach Schnee.
Der Abend fällt rasch ein.
Jetzt spürst du heftiger dein Weh,
das Einsamsein.

Du stehst am Fenster, siehst
dem Blätttertreiben zu.
Dann setzt du dich und liest.
Bald ruhst auch du.

So wie die Toten ruh'n.
Bald deckt der Schnee sie zu.
Kommst du in Avalun
zur Ruh'?

20.11.2022, 18:40

Baum und Mensch sind Brüder

Gleichen nicht die Arme Ästen?
Gleichen nicht die Finger Zweigen?
Gleichen nicht die Zehen Wurzeln?
Gern würd' ich als Baum mich zeigen!

Gleicht nicht einem Blatt die Zunge?
Was sie lispelt ist ein leises
Lallen aus des Windes Lunge.
Baum und Mensch sind Brüder, braucht es
eines weiteren Beweises!

26.10.2022, 12:00

In treuer Bruderschaft

Im Leid, im Schmerz sind Brüder wir,
das Gras, die Blume und das Tier,
und nicht zuletzt der Lindenbaum,
den quält wie uns der Todestraum.

Im Nachtwind zittert Blatt und Blatt.
Es hängt am Zweig schon todesmatt
und harrt des Windes Todesstoß.
Dann fällt's der Erde in den Schoß

wie wir in treuer Bruderschaft.
Den Staub durchwirkt der Erde Kraft,
bis aus der dunklen tiefen Gruft
es keimt mit Blüte, Frucht und Duft,

bis unser Staub auch gärt und schwärt,
letztendlich dann gen Himmel fährt,
geweissagt so vor langer Zeit,
in seliger Leibhaftigkeit.

26.10.2022, 14:50

Schon sterbensmüd' die Gärten

Schon sterbensmüd' die Gärten,
die Blumen, Blätter welken hin.
Ich spür' mein Herz sich härten,
da ich schon nah am Ende bin.

Die Dahlien noch sich brüsten
mit ihrem Pomp und ihrer Pracht.
Ich aber muss mich rüsten,
dass ich besteh' die Sterbenacht.

Die rote Gladiole
scheint mir ein blutiges Schwert.
Ich ohne Gloriole,
bin ich des Stoßes wert?

Die Spinnen, Nebelnornen,
sie weben Netze und Geschick.
Die Nacht zersticht mit Dornen
der Sterne Stirne, meinen Blick.

12.11.2022, 12:35

Der Schneemann

Zu einem Schneemann habe ich
mir Gott geformt
und ihn an meinem Bild
genormt.

Der Schneemann schmolz
rasch in der Sonne hin,
und mit ihm Gott
und das, was ich gewesen bin.

25.11.2022, 11:45

Eiskalte Nacht

In der Manier Ossip Mandelstams

Eiskalte Nacht. Kein Gott,
der mir das Feuer schürt.
Unter dem Fallbeil flott
mein Kopf, wie's ihm gebührt.

Er rollt, gehackt, und rollt
– kein Körbchen fängt ihn auf –
in Gottes Schoss, Gott grollt,
gehemmt in seinem Lauf.

8.11.2022, 18:00

Die Eisblume

Fast jeder Blume hab' ich ein Gedicht
gewidmet, dem Vergissmeinnicht,
dem Veilchen, und der Heckenrose,
dem Löwenzahn, der Herbstzeitlose,

dem Rittersporn, der Akelei,
und keine war mir einerlei.
Am liebsten war mir die aus Eis.
Vor meinem Atemhauch erstarb sie leis.

Doch hab' ich meinen Atem angehalten,
begann sie sich aufs neue zu entfalten,
die schönste Chrysantheme, die ich je
bedichtet hab', so weiß wie Schnee,

die schönste Blume, die ich selber schuf,
als sei' ich Schöpfer von Beruf,
mit nichts als meines Atems Hauch,
mit Hilfe meines Verses auch.

24.8.2022, 13:50

An den Mond

Darf ich, Mond, dich Bruder nennen,
der geleitet mich zur Nacht,
der die Wunden kühlt, die brennen,
mir, der bald schon Charons Fracht?

Lieg' ich in des Fährmanns Nachen,
glänzt mir brüderlich dein Licht.
Werd' vermissen, Mond, dein Lachen,
du vergiss das meine nicht!

26.10.2022, 17:15

Das Himmelbett

Ein Himmelbett die Wolken,
wie Federn weiß gebauscht.
Wie gern hätt' ich das meine,
mit diesem Bett getauscht!

In ihm verschwiegen liegen,
gewiegt in sel'ge Ruh-
Vor irdischen Intrigen
zög' ich den Vorhang zu.

2.8.2022, 14:10

Gut' Nacht, moi drug!

Hommage an Sergej Jessenin

Die Schwalbenfröhlichkeit dahin.
Du siehst Oktoberwolken zieh'n
wie Segelschiffe voller Fracht
von Eingesargten. Gute Nacht!

Gut' Nacht, moi drug! Wohin die Fahrt?
Die Fahrt geht aus der Gegenwart
in eine Zukunft ohne Zeit,
ohn' Auferstehungsseligkeit.

27.9.2022, 13:35

Unter dem Sternbild der Fische

Ich schwimme gern im kühlen Nass.
Vom Sternbild her bin ich ein Fisch.
Mir langt ein Glas, ein Krug, ein Fass.
Das Bier sei dunkel, rot der Wein und frisch!

Ich singe gern im tiefen Bass
und habe Gäste gern an meinem Tisch,
die stoßen an mit mir ohn' Unterlass,
die friedlich sind, nicht kriegerisch.

Der Trunk sei maßvoll: zween Maß,
zwei Schoppen, bloß kein Sektgemisch!
Und auch die Hausfrau habe ihren Spaß:
Sie brät derweil uns einen Fisch!

13.8.2022, 8:00 im Bad

Bei Bach und Bier

Durchs offne Fenster weht ein Blatt,
der einzige Besucher,
wie bin ich des Alleinseins satt!
Der Biergott, mein Versucher,

schenkt Seidel mir um Seidel voll.
Da sträubt sich mir die Feder.
Ich höre Bach, Konzert a-Moll.
Ich weiß, den mag nicht jeder.

Erbarmnis fasst mich mit dem Mann,
des Ohren voller Pfropfen.
Wie gut, dass ich noch hören kann
und schmecken Malz und Hopfen.

27.10.2022, 17:40

Carpe diem!

Das Leben sei ein Muss,
das Sterben sei ein Dürfen.
Dem Dichter schönen Gruß:
Ich will den Wein noch schlürfen!

Mir ist um's Sein nicht bang,
es gibt so viele Freuden!
Ich leb' im Überschwang,
will mich ans Sein vergeuden!

Wer stets ans Sterben denkt
bei allen seinen Taten,
der hat die Lust verschenkt
auf Weib und Wein und Braten!

18.10.2022, 13:30

Selbstbetrug

Ach, meine Freunde sind nicht mehr!
Dahin die frohe Runde!
Ein jeder trank sein Glas schon leer,
führt keines mehr zu Munde.

Vergällt der Wein mir ohne sie,
den mögen andre schlürfen,
die noch nicht brechen in die Knie'.
Mir gilt jetzt: gehen dürfen –

den Weg, der zu den Freunden führt.
Wohin sind sie gegangen?
Ob drüben uns ein Glas gebührt,
das rötet unsre Wangen?

Ob drüben herrscht der Rundgesang,
den wir hier einst gepflogen
in trunknem heitrem Überschwang,
da wir uns selbst betrogen?

10.8.2022, 18:55

Oktoberwolken

Oktoberwolken rollen her,
sind Rotweinfässer aus Burgund,
gebaucht und edler Tropfen schwer,
zu stillen durst'ger Erde Mund,

zu füllen uns den Krug, das Fass.
Mir ein bescheidnes Glas genügt.
Ich lob' das Sein im tiefen Bass
und den, der Durst zum Wein gefügt.

21.9.2022, 16:10

Lenden

Pfarrerköchin Anne
haut ein Lendchen in die Pfanne,
wendet's hin und wendet's her,
bis es gar ist zum Verzehr.

Köstlich ist es anzuschau'n,
wie die Köchin knusprig braun.
Man mag es dreh'n und wenden:
Unsterblich duften die Lenden.

1.5.2022, 18:15

Lenden und Linden

Pfarrerköchin Anne
haut zwei Lenden in die Pfanne,
die eine für den Herrn,
die andre hätt’ sie gern.

Der Herr verschlingt sie beide
zu Pfarrerköchins Leide.
Ihr bleibt, was geistlich ist, die Luft.
Die, wahrlich, ist kein Lindenduft.

15.8.2022, 18:00

16.8.2022, 9:45

Der Nachtisch

Welcher Pfarrer liebte nicht,
seiner Köchin Rehragout.
Auch der Nachtisch g'hört dazu,
als des Pfarrers Dankespflicht.

Welcher Pfarrer liebte nicht
ebenso die Mittagsruh'!
Er verdaut das Rehragout,
sie des Pfarrers Dankespflicht.

4.4.2022, 13:45

Moritat

Der Tod, er ist ein Schlauer,
bedient der Wespe sich,
nicht eines Ebers Hauer.
Denn tödlich ist ihr Stich.

Er schickt sie aus zu stechen.
Ihr Stachel, giftbewehrt,
hat viele schon, die zechen,
beim Trunk zu Tod versehrt.

Die nackten Fußes streifen
durchs Gras, die Wespe sticht,
und ehe sie begreifen,
lischt aus ihr Lebenslicht.

Der Pfarrer spricht das Amen
mit salbungsvollem Blick –
bis ihm die Wespen kamen,
da schwoll ihm sein Genick,

das fett wie eine Schwarte,
zu einer Knackwurst an.
Er hatt' 'ne schlechte Karte,
es war um ihn getan.

Er tat noch einen Gnauzer,
ein Juhschrei war es nicht.
Er trat mit Bart und Schnauzer
vors Ewige Gericht.

7.8.2022, 13:45

Der Pfarrer

Ist wo ein Röselein
in seinem Gärtelein,
der Pfarrer riecht's,
geht hin und bricht's.

Und ist ein Böckelin
in seinem Schafstall drin,
der Pfarrer riecht's,
geht hin und sticht's.

24.10.2022, 7:55
(während der Morgentoilette im Bad)

Zur Erhaltung der Menschheit

Der Pfarrer, der die Keuschheit predigt,
hat manche Jungfrau schon erledigt.
Er macht ja nur, was jeder tut.
Sogar die Bibel findet’s gut.
Warum soll sich die Klerisei
enthalten von der Schweinerei!
Der Mensch lebt fort im Lotterbett.
Der Pfarrer macht die Lücken wett.

6.11.2022, 15:15

Durst nach Sünden

Du dürstest nach den Sünden,
die dir wie süßer Seim,
die Seligkeiten künden,
sind neuer Sünden Keim.

Du kannst den Durst nicht stillen,
dich dürstet immer mehr.
Die Mär vom freien Willen,
wer aber glaubt sie, wer?

25.9.2022, 8:30

Dachau

Dein Name wie ein Peitschenhieb,
der meine Seele trifft.
Und doch ist mir dein Name lieb,
fast wie die Heilige Schrift.

Du bist ja meine Vaterstadt,
die selber unterm Wahn
des Menschenfeinds gelitten hat,
der bloß ein Scharlatan.

Wie sollt' ich deinen Namen schmäh'n,
der Schutz und Schirm mir ist
seit Kindheit an. Mir kommt die Trän',
weil du geschändet bist.

26.11.2022, 14:00

Alt-Dachau

Geh' ich durch die stille Gasse,
schaut der Mond, der kränkelnd blasse,
mir bei meinem Schreiten zu.
Alle gingen längst zur Ruh'.

Keiner hört die leisen Schritte,
so als ob durch Gras ich glitte.
Auch der Mond hält seinen Mund,
denn was täte er schon kund.

Grämlich blickt er in die Fenster;
nichts als Nachthemdengespenster.
Ich doch denk' mir meinen Teil:
Wo bleibt denn das Seelenheil?

13.8.2022, 14:20

Der Webelsbach oder Panta Rhei

Seit meinen Kindertagen
hör murmeln ich den Bach,
als wollte er mir sagen,
vergiss dein Weh und Ach,

lass ruhig die Zeit verfliegen,
mein Fließen Gleichnis ist,
dein Sein wird nie versiegen,
weil du mir ähnlich bist!

31.5.2022, 18:15

Die Amper

Die Amper ist mein Acheron.
Noch schwimm' ich ruhig im Totenfluss.
Doch schwimme ich dem Tod davon,
entrinn' ich nicht der Nixe Kuss!

Dass sie des Tods Gehilfin sei,
argwöhne ich und steig' an Land.
Sie lockt mich wie die Lorelei
den Schiffer, nimmt mich bei der Hand

und zieht mich in die Flut zurück.
Da treibt schon Charons Kahn heran.
Trifft mich sein Ruder auf gut Glück?
Ich schwimme ruhig meine Bahn.

Mir hat der Häher weisgesagt,
der auf der hohen Pappel sitzt,
der Tod hab' nicht nach mir gefragt,
den Fischer habe er stibitzt.

26.11.2022, 13:30

Bombentrichter im Etzenhausener Wald

Bombentrichter, Wasser quillt
unerschöpflich aus dem Grund.
Ihren Durst die Krähe stillt,
doch es trinkt kein Menschenmund.

Ratten halten nachts ihr Fest,
warm im faulen Wieselfell.
Längst die grüne Wasserpest
hat verseucht den reinen Quell.

Aus dem Brack riecht es wie Jod,
das die Atemwege reizt,
Bombe war der Tiere Tod,
der auch nicht bei Menschen geizt.

7.11.2022, 14:00

Hinter Etzenhausen

Ein sanfter Hügel nach dem andern,
und da und dort auch Zwiebeltürme,
ein Gottesacker zu durchwandern,
im Wegstaub manch zertretenes Gewürme.

Und wo du gehst, des Kornes Wogen,
die über dir zusammenschlagen.
Schwarz Ackerfurchen, grad gezogen
wie Scheitel, wie sie Tote tragen.

In Bauerngärten jammern Ammern,
braun faule Früchte an den Zweigen.
Süß Krebsgerüche aus den Kammern.
Am Fenster sich zwei Augen zeigen,

die schon den Himmel offen sehen.
Die Stiere brüllen in den Ställen.
Der Magd quillt zwischen ihren Zehen
der Kuhmist. Man hört Bäume fällen,

im Amperwald. Für Abgestorbene
sind Truh'n, behagliche, zu zimmern,
auch für im Amperfluss Verdorbene.
Des Schwimmers Herz beginnt zu flimmern.

10.11.2022, 11:55

Meine Vorfahren

Meine Vorfahren waren Ackerbauern,
dem Grundherrn gehörig mit Seele und Leib.
Sie hatten keine Zeit zu trauern,
starb ihnen ein Kind, ihr Weib.

Ein Krug Wasser, ein Laib Brot genügten.
Flachbäuchig schloffen sie zum Schlafen ins Stroh.
Sie spannten sich selbst ins Geschirr und pflügten
und wurden der täglichen Plage nicht froh.

Sie flehten den Herrn an um Sonne und Segen,
um eine reiche Ernte, dem Grundherrn zu Nutz.
Wie wohltuend, sich ins Grab zu legen,
dem Grundherrn zum Trutz.

7.10.2022, 15:20

Im ewigen Kreislauf

Ich weiß, dass ich reif bin für den,
der kommt mit der Sense, zu mäh'n mich.
Ich bin wie der Hafer und lehn'
mich nicht auf. Er wird säh'n mich,

das Korn, in die Erde. Die Saat
wird aufgeh'n zu wogenden Ähren,
und wieder beginnt dann die Mahd.
So wird es wohl ewiglich währen.

24.10.2022, 17:55

In der Dorfkirche

Durchbohrt von sieben Pfeilen
der heilige Sebastian.
Zwei Buben an den Seilen.
Dumpf schlägt die Glocke an.

Ob auch dem stillen Beter
ein Pfeil im Herzen steckt?
Der Dohlen zänkisches Gezeter
ihn nicht aus seiner Andacht weckt.

Mit würdigem Gehabe
tritt aus der Sakristei
der Pfarrer. Wen er heut begrabe?
Wär' schnell das Totenamt vorbei!

Ich muss doch heut noch ackern,
der Bauer denkt. Am Sarg
die Kerzenflammen unruhig flackern.
Dem Toten doch ist nichts mehr arg.

Wem krähten nach die Raben?
Dem dicken Wirt? Dem dürren Knecht?
Ein jeds soll seine Ruhe haben,
und jedem wird sein Grab gerecht.

30.7.2022, 13:45

Im Klostergarten

Die Schwester, kundig der Arznei,
inmitten ihrer Pflanzen,
Lavendel und Salbei.
Sie heilt den Leib im Ganzen.

Die Schwester weiß nicht nur
um leibliche Beschwerden.
Sie ist der Seele auf der Spur,
dass die sich wohlfühl' auch auf Erden.

Was wächst, ob Unkraut oder Kraut,
ist lieb ihr gleichermaßen.
Was sie daraus an Säften braut,
ist Basis für der Heilung Phasen.

30.7.2022, 19:10

Im Friedhof

Die unterm Hügel ruhen
in ihren dunklen Truhen,
ob sie den Frieden fanden,
der ihnen ging abhanden
in ihren Lebenstagen
bei Hader, Pein und Plagen?
Und wenn sie auferstehen,
ist all’s wie nicht geschehen.

19.6.2022, 12:55

Der Tod in mir

Man hat ihn in die Wiege mir gelegt.
Mit Milch die Mutter nährte ihn wie mich.
Sie hat gehätschelt ihn, gehegt.
Er wuchs heran und war wie ich.

So ist verstrichen Jahr um Jahr.
Aus einem Säugling ward ein Mann.
Er glich mir wunderbar aufs Haar.
Als mir die Lebenszeit verrann

und am Verlöschen war mein Licht,
längst ausgefallen war mein Schopf,
da trat aus meinem Angesicht,
sein lang verborgner Totenkopf.

8.8.2022, 16:45

Erde

Ich liebe Pferde
und ihren Schweiß,
aufgebrochene Erde
und der Pflugschar Gegleiß.

Ich liebe es, barfüßig
zu gehen im Ackerbruch,
bisweilen müßig
zu atmen der Erde Ruch.

Ihr Schoß ist fraulich,
und er ist mir nicht fremd.
Ich schmiege mich traulich
hinein ins Totenhemd.

4.9.2022, 18:40

Die Erde I

Barfüßig liefen wir
durch Wiesen, Nesselwälder.
Wir hatten kein Gespür
für Erde, Stoppelfelder.

Gehörnt schien unsre Haut.
Aus Leder unsre Sohlen.
Bald wird sie uns vertraut,
die Erde, unverhohlen.

7.11.2022, 13:10

Die Erde II

… die unverschämte Erde …
Jizchak Katzenelson

Die Erde kann doch nichts dafür,
wenn Menschen sie besudeln!
Sie nährt uns über die Gebühr
und lässt die Quellen sprudeln,

daraus wir trinken ohne Dank,
dafür sie noch beschmutzen,
mit Giften, Odel und Gestank
zu unserm eignen Nutzen.

Des Menschen Eigennützigkeit
jedoch gereicht zum Schaden.
Die Erde gutmütig, bereit,
zur letzten Ruh' zu laden.

10.7.2022, 13:10

Unsere einzige Erde

Uns erträgt und trägt die Erde,
welche wir mit Füßen treten,
die uns einmal Ruhstatt werde,
bis uns wecken die Trompeten.

Wie an ihr wir uns verschulden,
sie verwunden und bespeien!
Wird sie uns noch länger dulden,
immer wieder uns verzeihen?

Wird sie unser überdrüssig,
wird sie die Geduld verlieren?
Die wir sind doch überflüssig,
Meister wir im Drangsalieren,

Meister wir im Morden, Meucheln,
Sengen, Brennen und Vergasen,
die wir die Gebete heucheln,
aber Gott schon längst vergaßen.

Uns erträgt sie ohn' Beschwerde,
die mit Tränen, Blut wir tränken,
unsre wunderbare Erde,
die wir unaufhörlich kränken.

3.11.2022, 11:15

Unser Brot

Die Erde unser Brot.
Sie sättigt uns auf Zeit.
Kein Hunger ist uns not
auf vage Ewigkeit.

Der Mund voll Erde nährt
uns wonniglich. Jedoch
im Staub die Wunde schwärt:
der Auferstehung Joch.

25.9.2022, 17:30

Mit achtzig

Als ich achtzig war und war gebrechlich,
da drängte es mich keineswegs zur Ruh'.
Ich nahm die Widrigkeiten ganz gemächlich
und schnürte selber meine Schuh'.

Ich wischte selber meinen Hintern.
Die Zehennägel aber schnitt mein Weib.
Noch einmal möcht' ich überwintern
und sehen, wie's der Star mit seiner Starin treib'!

Ich höre auch nicht auf zu dichten.
Das ist mein Lebenselixier.
Ich lasse mich noch nicht entpflichten
von einem mit geschlossenem Visier.

Dort drüben wär' zu nichts ich nütze.
Ich ging' den Seligen im Weg nur um.
Auf Erden bin ich meines Weibes Stütze,
befind' ich mich auch schon im Altertum.

Ich will noch nicht als Seliger enden.
Auf Erden habe ich mein Paradies,
und muss sich einmal alles wenden,
verlass' ich ungern nur mein Erdverlies.

2.11.2022, 11:15

Nichts verlernt

Ich bin noch lange nicht ausgeschrieben
mit meinen achtundachtzig Jahren.
Zwar ist mir nur ein Haar geblieben
von meinen dichten Urwaldhaaren,

zwar fühl' ich Arm und Bein erlahmen,
jedoch der Geist ist noch lebendig.
Im Innern keimen Sinn und Samen,
und die Gedanken sind noch wendig.

Zwar mangelt es mir schon an Zähnen,
verlernt doch hab' ich nicht das Beißen.
Drum gibt es mancherlei Hyänen,
die gern mich in der Luft zerreißen.

30.10.2022, 10:35

Die Wunde

Was nützt die Weisheit mir des Alters,
wenn sie erlischt gleich einer Flamme.
Mich quält im Herzen eine Schramme,
die auch nicht heilt der Trost des Psalters.

Ich muss dem Tod mein Leben schulden.
Ich fühl' die Wunde in mir schwären:
Dies immerwährende Gebären,
das nur zum Sterben führt, erdulden.

30.10.2022, 11:05

Gott, zeige dich!

Zeig mir dein Angesicht,
verhüll's mit Wolken nicht!
Biet' es mir offen dar,
dass ich es sehe klar,

dass ich nicht bete an
ein Bild von Wunsch und Wahn!
Dass ich erkenne mich
in dir, Gott, zeige dich!

26.9.2022, 12:40

Das Göttliche

Ich weiß nicht, was ich fürchte mehr,
die Himmelfahrt, den Höllensturz.
Am liebsten aber bliebe ich
auf dieser Erde, doch zu kurz

die Lebenszeit, die uns bestimmt.
Ich lieb' die Ebene, das Meer,
das Moor, die Berge und auch dich,
du Göttliches, das in mir glimmt.

13.8.2022, 13:30

Ich klage, Gott, dich an!

Ich klage dich der Arglist an,
der du die Schlange uns geschickt.
Du Gott, du hast nicht wohlgetan,
wenn wir durch dich uns nackt erblickt.

Du wusstest es, wie schwach wir sind,
hast in Versuchung uns geführt.
Du bist der Vater, wir dein Kind,
dem väterlicher Schutz gebührt.

Wer gibt sein Kind der Schlange preis,
kein Vater, dem's am Herzen liegt!
Die Schlange hat auf dein Geheiß
in unsrer Schwachheit uns besiegt.

Ich klage dich des Unrechts an,
der aus dem Paradiese uns verwies!
Die Kreuzigung des Sohns ein Wahn,
die Wiedergutmachung verhieß!

28.9.2022, 15:20

Sei gnädig, Gott!

So ist wohl unsres Lebens Lauf
mit Freud und Leid und weitren guten Gaben.
Dann eine Schütte Erde drauf.
Was war, für alle Zeit begraben.

Sei gnädig, Gott, lass ruh'n den Lehm!
Ihm neuen Odem einzuhauchen,
so Schmerz zufügen irgendwem,
lass ab, und lass nicht weitre Opferfeuer rauchen!

23.10.2022, 18:30

Gottes Ebenbild?

Wenn je ein Gott gewesen,
lebt er in meiner Brust.
Das unbekannte Wesen
in mir schlägt unbewusst.

Ich spüre seine Schläge.
Will er aus mir heraus?
Wie ich es auch erwäge:
Ist Gott mein Herz? Welch Graus!

25.10.2022, 12:00

Mein Staub

Verwirf, Gott, meinen Staub!
Verschwende deinen Odem nicht!
Mach aus der Zunge Laub,
das eine andre Sprache spricht!

Mach einen Falter draus,
nur einen Spritzer Sonnenlicht!
Er flög' ins Blau hinaus,
das sich an seinem Flügel bricht!

Ich weiß, Gott, du bist taub,
und dass ich ungehört wohl bleib'.
Dir dient, Gott, wohl mein Staub
für Leid in einem neuen Leib!

25.10.2022, 16:55

Weichgespült

Der Staub, den Gott beatmet hat,
erhebt sich wütend wider ihn.
Der, seines Ebenbildes satt,
lässt meucheln sie sich selber hin.

Und weil Gott die Geduld verliert,
ist bald die Menschheit ausradiert.
Dann wieder herrscht der Aff' im Baum
und meint ein Mensch zu sein im Traum.

Gewähren lässt ihn wohl der Gott,
der ohne Mensch sich einsam fühlt.
Er nimmt in Kauf Mord und Schafott.
Der Aff' wird menschlich weichgespült.

30.10.2022, 12:15

Des Schöpfers Ohnmacht

Dauern wie der Fels, der Stein,
unzerstörbar Fleisch und Bein!
Doch der Stein zerfällt zu Sand
und zu Staub uns Fuß und Hand.

Nichts von Dauer auf der Welt.
Alles Schöne, Aug' und Mund,
Blume, Baum zu Staub zerfällt.
Wird des Schöpfers Ohnmacht kund?

1.11.2022, 13:20

Für alle Fälle

Sie haben Gott für tot erklärt.
Indes, der Zweifel weiter schwärt,
für alle Fälle beten sie.
Das kostet nichts. Man weiß ja nie.

6.11.2022, 13:15

Im Leichental

(so Hesse)

Wir leben all im Leichental,
wie unsre Erde er genannt.
Uns in die Stirnen ist das Mal
des Brudermörders Kain gebrannt.

Wir machen sie zur Schädelstatt,
die Erde, die uns anvertraut,
die duldsam uns getragen hat,
und die zum Blutmeer wir gestaut.

Wir machen sie zum Tränental,
und keine Arche ist in Sicht,
die rettet uns aus unsrer Qual,
kein Ararat, Gott hilft uns nicht.

1.11.2022, 18:15

In Glaubensgluten

Der eine sieht den Himmel offen,
der andre seines Leibes Wunden.
Die Linnen seiner Liegstatt troffen
vom nächtlich' Blut der Leidensstunden.

Der eine sieht den Himmel bluten,
der andre fühlt sein Sein verfließen.
Die Seele glüht in Glaubensgluten.
Sie träumt den Gott mit Sternen schießen.

25.9.2022, 11:00

Mit Säuglingsaugen

Was ich sah mit Säuglingsaugen,
war zuerst der Mutter Brust.
Was ich fühlte, war wohl Lust,
mit der Milch mir Mut zu saugen,

Mut, den ich wohl brauchen würde
für des künft'gen Lebens Last
und des siechen Alters Bürde,
bis der Tod geböt' mir Rast.

31.10.2022, 13:40

Der Scharlatan

Wer immer an das Sterben denkt,
der hat sein Leben schon vertan!
Ich hab' mich vielfach abgelenkt.
Ich fing zu musizieren an

und hab' verbrochen manch Gedicht.
Ich halt' den Tod für einen Scharlatan
und lass' von ihm mich täuschen nicht.
Und doch: Es nagt an mir sein Zahn.

28.10.2022, 14:00

Dies irae, dies illa

Jener Tag des Zorns wird kommen,
da die heuchlerischen Frommen
brennen in den Höllenfeuern,
ihre Frömmigkeit beteuern,

Gottes Namen nie missbrauchen,
ins geweihte Wasser tauchen
ihre Finger, sich bekreuzen
und dann üble Nachred' schneuzen.

Tag des Zorns und Tag der Rache,
sich erhebt der Höllendrache,
alle, die ihr Frommsein heucheln,
sich zu krallen, sie zu meucheln.

24.11.2022, 15:15

Poet

Manches habe ich besungen,
Tod, Jessenin und Baudelaire,
ganz von deinem Tun durchdrungen.
Dich zu loben, wird mir schwer.

Nimmst mir aus der Hand die Feder,
die mir meines Lebens Sinn.
Tod, bedenk', ich bin nicht jeder,
bin Poet von Anbeginn!

27.9.2022, 18:35

Der Tod spricht

Ich hab' heut Nacht geschlafen
wie zwischen warmen Schafen,
behütet von dem lieben Vieh.
So friedlich schlief ich wohl sonst nie!

Der Tod spricht zum Erwachten:
Du musst nach Bessrem trachten,
was ist schon eine Erdennacht!
Mein Schlaf ist ewig und genauso sacht!

6.8.2022, 14:20

Einerlei

Duelle Gott sei Dank! vorbei,
und trotzdem leuchtet uns das Morgenrot
zum frühen oder späten, einerlei,
zum bitterbösen Tod.

Ob Pfeil, ob Schwert, Pistol,
der Tod hat Werkzeug vielerlei.
Ganz gleich, wie er die Menschen hol',
bei Morgenrot, bei Abendrot, ist einerlei.

22.11.2022, 11:50

Der Vorbot’

Im Falter, der mich nachts besucht,
um meine grüne Lampe schwirrt,
seh ich die gleichgestimmte Seele!

Ich bin schon für den Tod gebucht.
Der Falter hat sich nicht geirrt,
ein Vorbot’, der mich nicht verfehle.

26.10.2022, 16:40

Wie eine Amsel sterben!

Ich möchte nachempfinden,
wie eine Amsel stirbt!
Muss sie wie ich sich schinden,
bis sie im Laub verdirbt?

Ich möchte ihr Verderben
empfinden so wie sie!
Ich möchte wie sie sterben,
mit ihr in Harmonie!

25.10.2022, 16:35

Ich mit dem Clowngesicht

Ich brauch' den Fährmann nicht,
der mich hinüberrudert.
Mir hat der Maiwind das Gesicht
mit Blütenstaub gepudert.

So kennt der Tod mich nicht,
des Fittich mich nicht hudert.
Ich mit dem Clowngesicht,
ich schein' ihm zu verludert.

23.10.2022, 14:10

Abfahrt

Mit achtundachtzig Jahren,
der Zug bald abgefahren.
Ich weiß, wohin die Reise geht.

Gepäck kann ich mir sparen.
Ich reise, wie geboren,
ganz nackt und ungeschoren.
Auf Abfahrt das Signal schon steht.

19.10.2022, 15:30

Das Himmelreich

Die Bahre und das Bett …
Charles Baudelaire

»Die Bahre und das Bett,
an Lasterflüchen reich.«
Ob einer wüst, adrett,
die Liegstatt jedem gleich.

Im Grund genügt ein Brett,
darauf sich's liegt nicht weich.
Doch jedem ist's, ich wett',
als wie das Himmelreich.

25.9.2022, 8:50

Das Unwirkliche

Wer seine Augen schließt,
der sieht das, was nicht ist,
und dies gehört ihm ganz
ohn' allen Firlefanz.

Mit offnen Augen siehst
du nur, was wirklich ist.
Wenn dies auch dich betört,
es niemals dir gehört.

Das Wirkliche ist Trug,
es ist dir nie genug.
Die Wirklichkeit ist Schein.
Nur was nicht ist, ist dein.

15.11.2022, 17:30

Jetzt tu' ich Buss'

Gelähmt der Arm,
jetzt lahmt der Fuß,
dass Gott erbarm'.
Jetzt tu' ich Buß'

für Bier und Wein,
für Braten auch.
Jetzt schluck' ich Lein,
dass schrumpft der Bauch.

An Fett zuviel
die Adern stopft.
Ein Ringelspiel,
das Herz mir klopft,

Den Hammerschlag
erwarte ich
bei Nacht und Tag,
den Federstrich

der aus der List'
den Namen streicht,
der meiner ist.
Die Luft entweicht.

29.10.2022, 18:45

Angsttriebe

Ein Baum, der im November blüht,
in gleicher Weis’ ein alt’ Gemüt,
dem Zeit um Zeit verrinnt,
das Vers um Vers ersinnnt,
verlier’n ein jeglich’ Maß –
Angsttriebe nennt man das!

11.11.2022, 14:25

Abgeklärtheit des Alters

Ich bin noch lang nicht ausgeschrieben,
ruhig strömt mir der Gedankenfluss.
Euterpe ist mir treu geblieben,
haucht auf die Stirn mir ihren Kuss.

Zwar peinigt im Gebein das Alter,
ein Gehstock stets geleitet mich.
Jedoch ich les noch klar im Psalter
der Schmetterlinge wunderlich.

In allem, was mich leicht umflügelt,
seh' Geist und Seele ich vereint.
Mir wird die Todesfurcht gezügelt,
und alles lächelt, wenn's auch weint.

4.11.2022, 11:50

Mein' feste Burg

Noch fließt das warme Blut
durch meine Adern,
Noch sinkt mir nicht der Mut,
noch brauch' ich nicht zu hadern.

Fällt auch das Gehen schwer,
sind klar doch die Gedanken.
Zerschellt die Welt auch um mich her,
ich komme nicht ins Wanken.

Mein' feste Burg ist das Gedicht.
Darin ist redlich wohnen,
wenn alles ringsherum zerbricht,
zerfallen Bastionen.

24.11.2022, 11:50

Noch nicht geköpft

Ich lese nicht mehr gern,
was früher ich geschrieben.
Die Zeit ist allzu fern.
Doch bin ich jung geblieben.

Der Jugendeifer ist
gepaart mit Altersweisheit.
Was gerne man vergisst,
das ist des Alters Eiszeit.

Was war, das wärmt nicht mehr.
Der Jugend Glut verglommen.
Noch schreib' ich mich nicht leer.
Mir wird noch vieles frommen.

Nichts hab' ich ausgeschöpft,
was die Natur uns bietet.
Noch werd' ich nicht geköpft,
vom Tod nicht umgenietet.

Dem Gauner sprech' ich Hohn,
erst soll er andre holen.
Ich schleiche mich davon,
wann ich es will, verstohlen!

4.11.2022, 12:55

Auf der Wartebank

Ja, ich hielt mich für unsterblich,
als ich noch ein Jüngling war.
Doch das Sterben, das ist erblich,
das erkannte ich von Jahr zu Jahr.

Ja, als Alter bin ich nüchtern,
weiß, dass Sterblichkeit mein Los.
Doch bis jetzt verhält sich schüchtern,
der mich holt in seinen Schoß.

4.11.2022, 17:25

Das Buch

Das Alter ist kein Fluch,
auch nicht das sieche Liegen.
Ich nehme mir ein Buch,
kann fliegen, fliegen, fliegen.

Ein gutes Buch verleiht
mir Flügel, Flügel, Flügel.
Ich flieg' empor, weit, weit.
Die Erde nur ein Hügel.

Ich sehe meine Gruft,
ist nur ein Maulwurfshaufen.
Mit Flügeln durch die Luft,
kann plötzlich laufen, laufen.

7.11.2022, 14:40

Alt

Die Schläfen fallen ein.
Die Augen ziehen sich
zurück in ihre Höhlen,
stell'n Schau'n und Sehen ein.

Im Ohr die Schnecke
verschließt ihr Haus,
sperrt aus
der Meute Grölen.

Allein der Mund,
er öffnet sich
und schreit sich wund
am Wort unweigerlich.

14.11.2022, 15:35

Im Bett

Die Decke wölbt sich über mich
wie eine Wehe Schnee.
In meiner Höhle warte ich,
ob ich bald aufersteh’,

und warte, dass er schmilzt, der Schnee,
der mir die Brust bedrückt.
Ob ich bald wie der Lahme geh’,
das Aufersteh’n mir glückt?

18.11.2022, 16:30

Tage

Die Tage nebelgrau.
Das Laub bricht von den Zweigen.
Wenn ich mich selbst beschau’,
will sich kein Lichtblick zeigen.

Die Hoffnungen dahin.
Was wird die Zukunft bringen?
Ob ich derselbe bin,
der einst das Leben wollt’ bezwingen?

Das Leben mich bezwang!
Ich bin der Unterlieger.
Was ist noch von Belang,
wenn er, der Tod, ist Sieger!

Die Tage nebelgrau.
Kein Himmel voller Geigen.
Nichts, dem ich mehr vertrau.
Jetzt kommt das große Schweigen.

20.11.2022, 10:40

Stunden

Die Stunden tropfen,
so wie der Puls mir schlägt.
Hör' auf das Verse Klopfen,
ruft mir der Schatten zu, der schrägt!

Umsonst dein Plagen!
Umsonst ist dein Gedicht!
Was hast du schon zu sagen,
was wär' schon von Gewicht!

Die Wogen schlagen
zusammen über deinem Kopf!
Bald liegst du auf dem Schragen
mit wirr gesträubtem Schopf!

Die Kerzen flackern.
Ein Windhauch löscht sie aus.
Die Elstern schackern.
Dann trägt man dich hinaus.

Die Kreuze klirren,
die eisernen, im Wind.
Die Tauben girren.
Der Regen weint sich blind.

20.11.2022, 11:45

Nächte

Paroxysmaler Schmerz,
der abebbt gegen Morgen.
Geht sie schon himmelwärts,
die Fahrt, enthebend aller Sorgen?

Ein Hufschlag an das Tor.
Sind es Elias' Pferde?
Was aber hebt von andern mich hervor,
dass ich emporgefahren werde?

20.11.2022, 9:00

Schöne Zeit

Griechisch und Latein –
meine Lieblingsfächer.
Mathe und Physik,
nirgends war ich schwächer.

Doch in Deutsch, Musik
war ich nicht zu schlagen,
und als Geigerlein
konnt' ich Großes wagen.

O du schöne Zeit
als Gymnasiaste,
wie unendlich weit!
Waren eig'ne Kaste,

wollten uns die Welt
wie im Sturm erobern.
Jetzt gehören wir
freilich zu den Lobern,

loben, was gefüllt,
und was uns geraten.
Loben Wein und Bier,
einen guten Braten.

24.11.2022, 17:20

Tenebrae

Die Schatten der Vergangenheit,
sie droh'n herauf in meine Zeit.
Sie hüllen mich ins Dunkel ein,
versetzen mich in Seelenpein.

Die Schatten greifen wild nach mir,
sind Knochenfinger voller Gier.
Sie drücken mir die Kehle zu.
Dahin ist meine Seelenruh'.

Ich büße, was mein Volk verbrach
und leide schwer an seiner Schmach.
Doch ich genüg' den Schatten nicht.
Ist nicht die Scham nur eine Pflicht?

Ist Reue nicht nur Heuchelei?
Das Unrecht ist doch längst vorbei!
Die Schatten stören mich in meinem Tun.
Ach, meine Seele möchte nichts als ruh'n!

23.11.2022, 17:50

Des Schöpfers Traum?

Jahr um Jahr ging mir dahin
wie ein Hauch, der schnell entschwebte.
Weiß nicht mehr, ob ich noch bin,
ob ich jemals lebte.

War mein Leben nur ein Traum,
den der Schöpfer träumte?
Weiß nicht, ob sein Traum nur Schaum,
da mein Leib vor Schmerz sich bäumte.

18.11.2022, 13:40

Vor der letzten Reise

Der Schweigsamkeit des Distelfalters,
wie weit davon bin ich entfernt?
Was nützt die Weisheit mir des Alters,
wenn ich die Schweigsamkeit noch nicht gelernt!

Ich steh' vor meiner letzten Reise.
Ach, gliche sie des Distelfalters Flug,
bedachtsam, ohne Furcht und leise
und ohne aller Weisheit Trug!

1.11.2022, 11:00

Am Grab der Eltern

Ob die toten Eltern wissen,
dass ich Dichter worden bin?
Auf ihr Grab leg' ich Narzissen,
knie zum Gebet mich hin.

Ob die Eltern es gewahren,
die tief in der Erde ruh'n,
ihre Seelen schon im wahren
Eden wandeln, Avalun?

Frag' ich die Zypressen,
wissen ernste Antwort sie:
Seliges Vergessen
wird mir in der Agonie.

25.11.2022, 15:25

In der Manier Mandelstams

Zwei schwarze Pferde zieh'n
den schwarzen Wagen.
Als Toter lieg' ich drin
auf schwarzem Schragen.

Ach, wie die Seele flieh'n!
Was hilft das Klagen,
der ich ein Toter bin,
dran Zweifel nagen!

Was mir Gewissheit schien
in Lebenstagen:
Werden ins Ew'ge hin
mich Pferdeflügel tragen?

28.5.2022, 14:00

Was ich mir wünsche

Ich wünsche mir, drüben
im Jenseits weiter dichten zu dürfen,
und eine Geige zum Üben.
Und ein Gläschen zum Schlürfen.

Dann wäre ich zufrieden.
Ich bedarf keiner weiteren Seligkeiten.
Ich brauch auch keinen Engel wie hienieden
zum Hackeln und Streiten.

Durst nach Eden

Wer mag den Durst uns stillen
nach Eden, ew'gem Paradies?
Der Gott, dem wir zu Willen,
der in das Erdverlies uns stieß?
Die Erde mag uns stillen,
die uns den Mund auf immer schließt.
Sie trotzt des Gottes Willen,
indem sie Fleisch zum Staub erkiest.

24.9.2022, 19:00

Fliessen

Alles fließt. Auch unser Leben.
Fließen und im Urmeer münden.
Nichts als fließen unser Streben,
unsern Ursprung zu ergründen.

1.11.2022, 11:20

Mein letztes Gedicht

Meine Matratzengruft
Heinrich Heine

Schon zu Lebzeiten bestattet
in meiner Matratzengruft,
vom Tod begattet,
dem gottgesandten Schuft.

Ich hab' ihm zu verdanken
mein letztes Gedicht,
erpresst von seinen Pranken,
gestöhnt unter seinem Gewicht.

25.9.2022, 10:35

Das wortlose Drüben

Ich sitz' in meiner Klause,
mach' zwischen Wort und Wort
gern eine lange Pause,
eh' ich den Vers setz' fort.

Ich denk' an die Fermate
am Ende des Gedichts.
Wenn ich des Seins entrate,
empfängt mich drüben nichts?

Was soll mich schon empfangen?
Wohl nicht ein einz'ges Wort,
mit dem ich ohne Bangen
den Vers könnt' netzen fort!

16.11.2022, 16:45

Wiedergeburt

Ich möchte nicht wiedergeboren werden,
es sei denn als ein sanftes Tier!
Aber ich fürchte, es gliche wieder mir;
denn alles wiederholt sich auf Erden.

Ich möchte als Wegwarte geboren werden,
ganz unscheinbar am Wegesrand,
und warten auf eine Hand
oder auf weidende Lämmerherden,

die mich sanftmäulig verschonen.
Ich will warten auf Bläulinge voller Geduld,
die mich mit ihrem Flügelstaub belohnen,
der mich reinigt von meiner Erstgeburt Schuld.

26.10.2022, 19:00

WIEDERKEHR

Ich aber kann's nicht glauben,
es gäbe keine Wiederkehr.
Ich lass' die Hoffnung mir nicht rauben,
mein Dasein wäre sinnlos, leer.

Und wenn ich wiederauferstehe,
dann meinetwegen auch als Floh!
Dann allen Zweiflern wehe, wehe!
Sie würden meiner nimmer froh!

Ich kröch' in Höschen, Mieder
und pisackte das Pack bis auf das Blut.
Zerdrückt mich nur, ich kehre wieder!
Ich weiß, mir ist der Schöpfer gut!

Und stünd' ich auf als Wanze,
dann bliebe keiner unversehrt,
so maßlos söge ich das Blut der Schranze,
dass mir die Wiederkehr verwehrt!

29.10.2022, 13:45

Unsterblicher Staub

Der Leib zerfällt zu Staub,
dass Gott ihn neu beseele,
gestalte ihn zu Laub,
zu Blüte, Vogelkehle.

Dann wird der Staub Gesang,
wird Blatt und Frucht und Süße.
Mir aber wird nicht bang,
dass taub als Staub ich büße.

4.11.2022, 16:45

Ihr Nächte voller Grauen

Ihr Nächte voller Grauen,
ihr Nächte voller Pein,
die Sterne anzuschauen
wie blankes Totenbein!

Der Mond des Todes Auge,
das ständig mich im Blick.
Für was ich nur noch tauge,
den Blitzschlag ins Genick.

Die Donnerwolken rollen.
Der Vorhang reißt entzwei.
Das Wünschen und das Wollen,
mir sind sie einerlei.

Ich habe mich ergeben,
ich kämpfe nimmermehr.
Droht mir das ew'ge Leben?
Droht mir die Wiederkehr?

11.11.2022, 18:05

Böser Traum

Ich träumte einen bösen Traum,
ich sei vom Totsein auferstanden,
gekommen sei – ist Traum nur Schaum? –
das sel'ge Nichtsein mir abhanden.

6.11.2022, 14:10

Mein Sehnsuchtsland

Ich meine nicht das Paradies,
ich mein' ein Land, das nie
sein Kind in die Verbannung stieß,
wenn es auch um Vergebung schrie.

Ich mein' den Garten Eden nicht,
der mir ein Trugbild scheint.
Ich mein' ein Land, das kein Versprechen bricht,
in dem nicht um den Sohn die Mutter weint.

Ich mein' ein Land, in dem kein Gott regiert,
der rüd sein Kind des Lands verweist,
der nur nach hündischer Verehrung giert.
Ich mein' ein Land mit Seele und mit Geist.

16.11.2022, 13:25

Inhalt

Mit Zehn · 7
Begradigter Lebenslauf · 8
Im Dachauer Moos · 9
Wir hatten Glück · 10
Kinderspiele · 11
War kein Paganini · 12
Etzenhausen, 29. April 1945 · 13
Die Befreiung, April 1945 · 14
Die Sieger · 15
Die Schatten · 16
Großmutter · 17
Armierungssoldat, 1914 · 18
Totenfuhren · 19
Am Straßenrand, Mai 1945 · 20
Am Straßenrand, Dachau, 1945 · 21
Im Werden · 22
Sphärenmusik · 23
Sehnen und Saiten · 24
Meine ersten Verse · 25
Im Seminar · 26
Weltkind · 28
Lebensweg · 29
Blumen des Bösen · 30
Abitur 1954 · 31
Lebenslauf · 33
Wer bin ich denn? · 34
Im Park der Villa Massimo · 35
Hölderlin · 36
Hermann Hesse ins Stammbuch · 37
Delikatesse · 38
Modern · 39

Der Russophile 1952 · 40
Untern · 41
Mein Wort · 42
Das letzte Wort I · 43
Das letzte Wort II · 44
Schöner Schein · 45
Das Ungeschrieb'ne · 46
Des Dichters Frau · 47
Des Dichters Töchterlein · 48
Katzen · 49
Wie das Gedicht beginnen? · 50
Der Nachtfalter · 51
Mein Vers · 52
Meine Verse · 53
Die Vögel · 54
Der Brief · 55
Mit gesträubter Feder · 56
Das Beste · 58
Geträumt · 59
In die Luft geschrieben · 60
Zweifel · 61
In meiner Dichterburg · 62
Das Gute, Wahre, Schöne · 63
In einem alten Manuskript lesend · 64
Noch zu sagen · 65
Armer Verleger · 66
Wozu? · 67
Meine Tiervergangenheit · 68
Schönheit heute · 69
Vergebliche Fragen · 70
Scharlatan · 71
Unruhige Nacht · 72
Wir Menschen · 73
Ihr Menschen · 74
Verdorben · 75
Gottes Ebenbild · 76

Nicht Gottes Ebenbild · 77
Gottes Horden · 78
Sind wir wirklich frei? · 79
Eidechse · 80
Seltsame Tiere · 81
Der Kuss · 82
Menschenherz und Apfelkern · 83
Flötenspiel · 84
Stachelbeeren · 85
Nachts im Garten · 86
Nachtviolen · 87
Nächtliche Stille · 88
Erwachen in der Nacht · 89
Die Dinge · 90
Reineclauden · 91
Heckenschnitt · 92
Im Gras I · 93
Im Gras II · 94
Vor dem Wetter · 95
Von Äpfeln und Menschen · 96
September · 97
Bei den Gladiolen · 98
Melancholie · 99
Föhn · 100
Der Regenbogen · 101
Lacrimae · 102
Beim Wein · 103
Die Sprache der Bäume · 104
Der Walnussbaum · 105
Unser Wahlnussbaum · 106
Als wir noch Brüder waren · 107
Die Walnuss · 108
Der Sieger · 109
Nicht würdig · 110
Die Ahornhand · 111
Beim Laubfall I · 112

Beim Laubfall II · 113
Im Park · 114
Im Laubengang · 115
Vor dem Schneefall · 116
Baum und Mensch sind Brüder · 117
In treuer Bruderschaft · 118
Schon sterbensmüd' die Gärten · 119
Der Schneemann · 120
Eiskalte Nacht · 121
Die Eisblume · 122
An den Mond · 123
Das Himmelbett · 124
Gut' Nacht, moi drug! · 125
Unter dem Sternbild der Fische · 126
Bei Bach und Bier · 127
Carpe diem! · 128
Selbstbetrug · 129
Oktoberwolken · 130
Lenden · 131
Lenden und Linden · 132
Der Nachtisch · 133
Moritat · 134
Der Pfarrer · 135
Zur Erhaltung der Menschheit · 136
Durst nach Sünden · 137
Dachau · 138
Alt-Dachau · 139
Der Webelsbach
oder Panta Rhei · 140
Die Amper · 141
Bombentrichter im Etzenhausener Wald · 142
Hinter Etzenhausen · 143
Meine Vorfahren · 144
Im ewigen Kreislauf · 145
In der Dorfkirche · 146
Im Klostergarten · 147

Im Friedhof · 148
Der Tod in mir · 149
Erde · 150
Die Erde I · 151
Die Erde II · 152
Unsere einzige Erde · 153
Unser Brot · 154
Mit achtzig · 155
Nichts verlernt · 156
Die Wunde · 157
Gott, zeige dich! · 158
Das Göttliche · 159
Ich klage, Gott, dich an! · 160
Sei gnädig, Gott! · 161
Gottes Ebenbild? · 162
Mein Staub · 163
Weichgespült · 164
Des Schöpfers Ohnmacht · 165
Für alle Fälle · 166
Im Leichental · 167
In Glaubensgluten · 168
Mit Säuglingsaugen · 169
Der Scharlatan · 170
Dies irae, dies illa · 171
Poet · 172
Der Tod spricht · 173
Einerlei · 174
Der Vorbot' · 175
Wie eine Amsel sterben! · 176
Ich mit dem Clowngesicht · 177
Abfahrt · 178
Das Himmelreich · 179
Das Unwirkliche · 180
Jetzt tu' ich Buß' · 181
Angsttriebe · 182
Abgeklärtheit des Alters · 183

Mein' feste Burg · 184
Noch nicht geköpft · 185
Auf der Wartebank · 186
Das Buch · 187
Alt · 188
Im Bett · 189
Tage · 190
Stunden · 191
Nächte · 192
Schöne Zeit · 193
Tenebrae · 194
Des Schöpfers Traum? · 195
Vor der letzten Reise · 196
Am Grab der Eltern · 197
In der Manier Mandelstams · 198
Was ich mir wünsche · 199
Durst nach Eden · 200
Fließen · 201
Mein letztes Gedicht · 202
Das wortlose Drüben · 203
Wiedergeburt · 204
Wiederkehr · 205
Unsterblicher Staub · 206
Ihr Nächte voller Grauen · 207
Böser Traum · 208
Mein Sehnsuchtsland · 209